思想觀念的帶動者

文化現象的觀察者

本土經驗的整理者

生命故事的關懷者

心靈工坊 PsyGarden

Caring

生命長河，如夢如風
猶如一段逆向的歷程
一個掙扎的故事，
一種反差的存在留下探索的紀錄與軌跡

道歉

The Apology

作者—伊芙・恩斯勒（Eve Ensler）
譯者—丁凡

目錄

各界佳評

「道歉不是為了贏得尊重，道歉就是為了彼此自由。這本解剖父權控制的書，描繪了人性的至死方休——追求與人連結，卻終生害怕、憤怒、嫉妒與絕望。這本書帶領我們走過作者脆弱的身體生命，浸染其能動的情感靈魂。」

——**王曉丹**／國立政治大學法學院教授

「《道歉》這本書，由倖存的女孩重新奪回家庭裡的敘事權利，以父親之口尋找遺失的真相——道歉的作用與意義是什麼。道歉除了來自當事人，還有什麼可能。而如果我們渴望聽到的那些話，我們渴望得到的那些救贖，我們自己有能力給，那會是什麼樣子。這個道歉，不僅只是給他們雙方彼此的，也是給這個家庭的，更或許，是給這個世代的。」

——**柯采岑**／吾思傳媒 女人迷主編

「勇敢，將造成改變，還有，是的，很療癒。」

——**安妮．拉莫特**（Anne Lamott）／美國作家，《寫作課：一隻鳥接著一隻鳥寫就對了》（*Bird by Bird: Some Instructions On Writing and Life*）作者

「清算受虐經驗時，指責和懲罰有罪的人是很重要的一步。伊芙．恩斯勒更進一步提供了另一個重要步驟：真誠地道歉所需要的深刻自我檢驗與回憶。這是現代非常需要的一本書。」

——**珍．方達**（Jane Fonda）／明星、社會運動者

「二十五年前，伊芙．恩斯勒改變了女性如何看待自己身體的方式。這本書，她將改變我們大家如何看待自己的靈魂。」

——**約翰．哈利**（Johann Hari）／《追逐尖叫》（*Chasing the Scream*）以及《失落的連結》（*Lost Connections*）作者

「《道歉》既是嚴厲譴責，也是驚人的原諒。即使書中描寫了令人無法置信的殘酷，但還是不斷探索其複雜性和底下的層層心理機轉。若是在比較沒有能力的手中，只會成為看似純粹邪惡的表層而已。伊芙．恩斯勒毫不留情地提升了我們對人類經驗的理解，即使是最黑暗的層次。這是任何作家能夠作出的、最重要的貢獻了。」

——**麥可．康寧漢**（Michael Cunningham）／普立茲小說獎作品《時時刻刻》（*The Hours*）作者

「這是藝術與同理心的勝利。伊芙．恩斯勒留給我們一個問題：如果我們從別人口中最想聽到的話語就在我們自己裡面呢？」

——**娜歐米．克萊因**（Naomi Klein）／加拿大記者、作家和社會運動家

「《道歉》是朝向激進療癒邁出的勇敢一步。不只是為了伊芙・恩斯勒，也是為了所有接受她的邀請，面對性侵創傷經驗的人。她們將在本書中找到她們可能永遠不會聽到的道歉。但是，恩斯勒的書也可以被視為對男性的邀請，他們需要道歉，而本書正是如何道歉的指導書。」

——**東尼・波特**（Tony Porter）／教育者和社會運動家，TEDWomen 演講〈給男人的忠告〉（A call to men）講者

推薦序 1

獻給等待道歉的性受害者

勵馨基金會執行長　紀惠容

在世界各地，許許多多的性受害者，不管他／她有否站出來或仍在黑暗角落舔著自己的傷口，他／她們在等待一個真誠的「道歉」。即便他／她們上法庭、媒體等控訴，想找回真相或正義，甚至咒詛加害者，但那內在心靈最深處，最終渴望的還是加害者真誠的「道歉」。

全球女權鬥士伊芙‧恩斯勒（Eve Ensler）在全球反暴力的貢獻與能量沒有人可以超前，可是，如同許多性受害者一般，伊芙沒等到父親的道歉。記得她五年前來台演講時，整場能量超滿，可是當談到她最遺憾的事實，她垂著眼淚說，「去年父親過世了，但他沒有道歉。」

讓道歉成為全球社會運動

沒想到，今年我到紐約再度造訪她時，她拿了一本《道歉》（*The Apology*）英文初稿給我，她說，「我不再等待父親的道歉，我決定自己執筆，寫出父親對我的道歉。」我當場給她一個大大的擁抱，接著，她又說，「我要讓道歉成為一個全球社會運動。」我立刻明白，這不是只是一本書，伊芙還要透過這本書，再次捲起全球的道歉、療癒、和解的行動。她要成立道歉網頁，讓所有性受害者、性加害者都可透過書寫，把渴望的真誠道歉，在網路世界被實現。她也要性加害者透過這本書，覺知他們所造成性受害者的傷害是什麼？召喚他們，願意寫下他們真誠的道歉。

我被她的語言與偉大的願景所懾服，為了終止暴力，伊芙的腦袋從未停止思考，她隨時都在想如何有效讓更多人進來參與，她想的是布局全球、全球策略。從創作、演出「陰道獨白」起，她的任何行動都牽動全球，目前每年有上百個國家、數千個城市，演出「陰道獨白」。接著，她又發起全球「十億人站起來反暴力」行動，累積超過億人次參與行動，這可以說是全球參與數量最多的終止暴力行動。勵馨二十年來，隨著伊芙腳步，幾乎無役不予，也自願成為亞洲區協調人之一。

我知道，伊芙每發起一個行動，都想得很深、很遠，她深知終止暴力，除了女人的串聯之外，男性朋友的參與是重要的，而兩造之間的療癒、和解是終究要面對處理的，此次《道歉》一書開啟了這道門。我當場承諾，勵馨願意成為道歉運動在華文世界的接口與倡議者。

《道歉》一書，伊芙以父親全知觀點，寫了一封長信給自己。她想像父親對她道歉，寫出她一直想聽到的話，完成《道歉》一書。書中，她勇敢、誠實又慈悲的轉化她受到的虐待。她進入了父親兒時的生活，看見潛藏在家中的暴力，崩毀了年幼父親的心靈，最終影響了自己另組成的家庭世代間，造成不可挽回的後果。

書信中最讓人需要慢慢閱讀的，甚至時而停格、掩書，找到一點空間呼吸，再回來閱讀的是，伊芙寫到了兒時與父親的甜蜜，如何一點一滴的變調至性侵及虐待的始末，而她又如何在身心破碎中努力、勇敢的走出陰影，活出自己。

召喚加害者真誠反省與道歉

透過這封字字血淚的書信，伊芙不但為自己，也為所有受暴者提供一種嶄新的可能，她跳脫法院訴訟的羞辱、訴諸媒體的控訴。伊芙，身為倖存者，她在書寫中，透過理解與釋放，讓自己重獲自由。她誠實又貼切的告解自己與父親的意念與情感，彷彿一場今生來世的陰陽對話，所有的憤怒、悲傷與愛，都在對話中逐漸鬆脫，一個受困心靈終於在真誠告解與道歉儀式中，完成了跨越生死的和解。

我佩服伊芙在反暴力運動，她自身摸索，從亂倫性侵的羞辱中，找到力量與啟示，為自己、為全世界啟開了一扇大門，更親身示範，從譴責、憤怒加害者的作為，到召喚加害者真誠反省與道歉，這是終止性暴力運動的一個大翻轉，具有時代革命性的啟動，誠如，伊芙說的，要讓道歉成為一個全球社會運動，你我都可以有勇氣、誠實和原諒，也可以道歉、療癒，進而和解。

推薦序 2

「磨塑」孩子與代間的災難

國立臺北教育大學心理與諮商學系副教授　洪素珍

伊芙・恩斯勒的《道歉》，以其父親的角度來回顧他自己的一生及試圖描繪他的性暴力何以發生，嘗試找到語彙理解也期望走到和解。在書中父親的童年可看到子女在心理上被父母「消失」所帶來的災難，與禍及下一代的悲劇故事。與「被消失」相反的是「被看見」，而什麼是「被看見」？要「看見」什麼？佛洛依德指出嬰兒之所以可以成長，需要被一個人類同袍（human fellow）所聽到和理解。命運從生命開始的片刻起便左右著人生，挫折、生氣、攻擊、害怕的感覺，將不可避免地出現在每個孩子成長的過程。如果父母或其中一方，既不能忍受焦慮與恐懼的精神痛苦，也無法接受這些情緒的表達方式，那麼嬰兒或小孩可能得自行與他的情緒搏鬥，而與此同時，孩子也就「被消失」在父母的心智世界之中了。更有甚者是父母毫無覺察的將自己無盡的渴望和期待投射至孩子的身上，來「磨塑」孩子，就如本書作者描繪其父親和其父母的關係，作者不只一次在書中強調，父親被其父母親視為「金童」來鍛煉和崇拜，因此，他不再是一個小孩，或不再被允許是一個有各種情緒的人，也就是把孩子當成「東西」，而不是一個有需求和意識的活生生的人，他是「屬於」父母的東西，而不是他自己，他的女兒也就自然的是屬於他的「東西」，如同書中所描述。對作者和父親而言，這都是人性的剝奪，也是靈魂的摧毀，不同的是，作者奮力的理解與修復自己的創傷，而父親至死都未拾起這個機會，或許透過書寫此書，作者也給自己的內在父親有理解他的創傷及施虐行為的機會，因而可以翻轉和內在父親意象的關係，而創造更自由的父女關係。

在一個孩子還沒有機會經驗自己生為人類的情感的複雜度之前，他已經被父母固著嚴苛的期望所禁錮，所以孩子沒有機會「經驗」自己是什麼，而作者的外／祖父母也是類似的在缺乏情感同理和回應的親職養育中成長。當各種生而為人的複雜情感無法被一個照顧者理解和回映，孩子將進入一個莫名無邊的恐懼深淵，因為沒有一個人類同袍作為無邊情緒的褓抱（hold）與涵容（containment）。在此困境中，孩子有許多選擇，例如，切斷與人的關係，發展出假性獨立，因為太害怕而無法去尋找他所需要從照顧者而來的反應，也害怕找不到；或是嘗試以更激烈方式投射，如同用頭去撞一道感覺上的心理磚牆；或是極端的分裂他的好與壞感覺。例如，作者的父母親雖然擁有非凡熱鬧的社交生活，但家庭真實關係卻是極端的疏離，又父親多麼的無法忍受自身不好的感覺，而以控制和指責家人的方式投射出來等等。彷彿看見父親是一個無所不能的菁英鐵漢，卻又不時如受傷野獸般狂吠亂咬，而與此同時，五歲伊芙的熱情映照出父親內在孩童情感真實的需要，於是一個五歲小女孩的身體與情感、一個五十多歲男人的身體與慾望、一個須被愛住於此身卻有著從未被理解的複雜情感的內在小男孩，在父女關係中，這三者流動著激烈炙熱的愛于焉產生，狂野、殘酷與控制／失控的情緒與慾望也相伴隨，於是父女的關係跨越了邊界，父親為了控制而更加的失控，原本他賴以生存的好壞分裂機制延展至極致，所以他的女兒伊芙非死不可，因為唯有她承擔所有惡，他才可以好好的活下來，為了活著，有什麼理由不能如此做呢？若只是純然的惡人，女兒也不須掙扎，但父親內在藏著一個無人知曉卻需要愛的連結的小男孩——藉著五十多歲男人的身體和聰明，所以，無數美好如靈魂伴侶般的緊密相屬，成為女兒逃不出的心靈獄所，或許在身體尚未越界之前，父親的心靈早已越了界，入侵了女兒的靈魂，佔據了她的心靈，就如父親所堅信的，女兒是他的，身體的越界只是再一次證明。

獻給TK

我等夠了。父親早已過世。他永遠不會對我說這些話了。他不會道歉了。所以我必須想像。在想像之中，我們可以跨越限制、深化敘事、設計不同的結果。

這封信是祈求，也是召喚。我試著讓父親用他的口氣對我說話。雖然我寫出了我需要聽到父親對我說的話，但是我需要挪出空間，讓他經由我說話。

他有許多的過去從未與我分享，所以我也必需要想像出那一切。

透過這封信，我試圖賦予父親意願與語言，跨越界限，說出道歉的話，最終使我獲得自由。

親愛的伊芙：

寫信給妳非常奇怪。我是從墳墓、過去或是未來寫信給妳呢？我是妳，還是妳希望的我，或是在我自己有限理解之下的真正的我呢？不過這有關係嗎？我是以妳在我們兩個腦子裡創造出來的、我從未說出口或從未理解的語言書寫，來連結我們之間的距離、我們過去失敗的連結嗎？或許我是以真正的我在書寫，妳的見證解放了我。或許，我根本沒有寫，我只是妳使用的工具，來滿足妳自己的需要和妳自己看事情的視野。

我不記得曾經寫信給妳過。我很少寫信。對我而言，寫信給別人、對別人伸出手，就代表我的脆弱。別人寫信給我。我不會讓任何人知道他對我很重要，以致我寫信給他。因為這會讓我變得渺小，對我不利。光是說這些話就很奇怪了。除非妳進入我的腦子，否則，我平常不會知道，也不會說出這些話。

但是我不會爭辯。我覺得這很真實。

妳總是寫信給我。我覺得那很奇怪但是很感人。我們住在同一間房子裡，但是妳卻會寫信給我。以妳還是小女孩的筆觸嘗試寫得很整齊，卻寫得亂七八糟。妳似乎想連結到我的某個部分，那個在我們激烈衝突時，妳不可能找到的部分，就像妳似乎試圖用詩句對妳曾經看過的、我的祕密自我陳情。通常，妳都是寫道歉信。多麼合理啊，就像現在妳要我寫道歉信給妳一樣。妳總是在道歉，在懇求原諒。是我把妳變成了每天沒有尊嚴地說「對不起」的女孩。

我曾經不讓妳吃晚餐，命令妳回房間，讓妳一直待在那裡，直到明白並承認自己的壞行為。一開始，妳很頑固，安安靜靜地待在房間裡二十四小時。妳媽媽很擔心。然後妳必然是太餓或太無聊了，就用乾洗店燙洗我襯衫後附的硬紙板寫信給我。把信從我的臥房門下塞進來。那信上是很戲劇性的懇求。一張清單。妳總是喜歡列出清單。我現在知道了，妳需要分類，好像在用文字計算似的。

清單上是妳學到了、不會再犯的教訓。我記得說謊是第一項。妳再也不會說謊了。其實，雖然我一天到晚監視妳，讓妳以為自己是可恥的說謊者，但我也知道，妳是我認識的女孩中最誠實的小女孩。雖然我認識的小女孩不多。我討厭孩子。孩子總是很吵、很髒亂，總是不乖。我太老才生小孩了，而且我生孩子只是為了傳宗接代。我離題了。硬紙板上，妳用紫色彩色筆寫字，邊緣還有畫得歪歪扭扭的花朵。那封道歉信讓妳得以離開房間，而我在想，是不是也因為如此，妳才一直以書寫作為通往自由的通行證。

自從我離開人世，就一直卡在一個令人衰弱的地方。它很像大家說的地獄邊緣：空無、被遺忘。地獄邊緣並不是一個空間，相反的，是一個什麼都不是的地方。我漂浮著，無法固定下來，不斷旋轉。這裡什麼都沒有，沒有東西可看，沒有樹，沒有海，沒有聲音，沒有氣息，沒有光線。沒有可以落腳的地方，也沒有可以抓住的東西。什麼都沒有，除了活在我心裡的回憶。

「地獄是什麼？地獄就是自己。」

這是英國詩人艾略特[1]說的。妳可能不知道，他是我最喜歡的詩人。我在地獄邊緣，腦海中最常出現他的文字。我在這裡已經待了地球時間的三十一年了，儘管這裡其實沒有時間。就只有折磨人的空無，無止盡的、吞噬人的空間，大的恐怖，同時又讓人窒悶。

我離開人世時，懷著許多怨恨與不滿。臨終時，我的憤怒比吞噬了我身體的癌症還要強烈。它如此致命，甚至可以穿透嗎啡和譫妄，讓我可以設計並執行我的最終懲罰。妳可憐的母親。她能怎麼辦呢？我讓她活在恐懼中這麼多

1 編註：Thomas Stearns Eliot，1888 – 1965，英國詩人、劇作家，著名詩作有《荒原》（*The Waste Land*）等。

年，用我的大嗓門、羞辱和威脅，使她成為害怕且聽話的共犯。她試著照著我說的做。她試圖告訴我，這個時刻可能不適合做出這麼極端的決定。但她想要說的是，我已經瘋了。

我最終的思緒和呼吸都充滿了傷害別人的欲望，我想要造成長久的傷害。或許妳不知道，在最後一刻，我堅持要她把妳踢除在我的遺囑之外。妳將不會得到任何遺產。「什麼都不給她！」我用力地說。即使在脆弱的狀態下，報復仍然給了我力量。這是我最後一次棄絕妳、除掉妳、懲罰妳的機會。

妳的母親要我重新考慮，我堅持妳自己活該。我為什麼要把遺產留給這樣一個頑固、不忠實的孩子呢？而妳母親竟敢挑戰我的決定，這讓我更憤怒了，我的仇恨變得更深，甚至試圖消滅妳這個人。我強迫她答應我，我死後無論妳告訴她什麼，都不要相信，因為許多年前，我們就知道妳是個說謊的人。說謊者。我強迫妳母親答應我，永遠不要信任妳，永遠懷疑妳。以某個角度來說，我強迫她殺掉妳，就如同我已經殺掉妳了。我強迫她選擇丈夫，放棄女兒。這並不是什麼新鮮事，她早就習慣了。在妳的大半輩子裡，我都要求她這樣做。而我知道，我真的知道，她多麼瞧不起自己就因為她同意了我。我看得出來，這麼多年來，我已逐漸侵蝕了她身為母親的自尊心，消滅了她的自信和聲音，使她覺得軟弱，直到她不再喜愛自己，甚至不再認得自己。但是我仍然堅持。

過世之後，我感覺好像有好幾年都待在這個地獄邊緣，在背叛和失望之間無盡的循環，想著同事和孩子和所謂的朋友的愚蠢和軟弱，一再重複每一項令我嫌惡的行為，以及想像著各種復仇。毫無疑問的，妳在這張清單的頂端。

我離開人世時對妳感到如此憤怒，為了懲罰妳，甚至拒絕讓妳知道我即將死去。我不肯打電話告別。我要妳被摒除在外，因為我尖銳的憤怒而淌血，以致不得不心裡一直有我，並因自責與絕望而血流如柱。妳的餘生都將質問著，為什麼妳不夠好，永遠無法成為我期待的女兒。

我刻意不給妳最終的解脫、最後的定局。我甚至不計劃或允許追思會及喪禮。我認為它們都很陳腐枯燥，可悲地展示無用的情緒。況且，如果妳哀悼我，妳就非常可能釋懷我。在此刻，讓妳抓住不放是我僅存的力量。這是唯一一個抓住妳生命的方式，讓妳注意到我，讓妳一直想到我。

過世幾天後，我還沒有到達地獄邊緣，我看到妳在我佛羅里達家中的衣櫥裡，坐在地板上，臉埋在我的黃色羊毛衫裡。一開始我不懂得妳在做什麼。我看著妳，發現妳在嗅著我剩下的氣息，呼吸著我的古龍水和氣味，試著找到一個埋藏妳哀傷的地方。儘管不願意，但是我受到感動。這讓我回到我們之間一切都柔和美麗的年代。那個時候，感情幾乎濃烈得無法承受。妳坐在我的衣櫥地上，試著找尋我，找回那種溫柔。這讓我感到一波哀傷和失落——然後我就離開了。從妳的世界離開，離開美好，離開救贖的可能。我被丟入激烈的犯罪與傷害的重現。

他們說，死後就會像生前一樣。這是真的。不多久，我的憤怒變得非常致命。我總是莫名其妙地憤怒，我母親曾跟我說：「憤怒是毒藥，你為朋友調製卻自己飲下。」然後我的憤怒變了，我整個系統都爛掉了，瀰漫著令人噁心的害怕。好像憤怒開始自噬，在滿滿的悔恨、極端的焦慮、尖銳的懷疑和折磨人的自我責備中，吞噬並窒息我痛苦的心靈。我沒有一絲往前的動能，但也絲毫沒有往後。沒有出口。我沒有語言或意志或理解來解放自己，我癱瘓在地獄邊緣。

我知道我很憤世嫉俗，不相信來世的那一套胡說八道。但是我又真正知道什麼呢？我根本不會稱這個為來世。這只是一個延續而已。死亡非常痛苦且毫無止盡。或者這只是我的個人狀況。我想像其他人會因為他們做的好事，揹著翅膀到更光明的地方。

我的腦子充滿苦惱，很難學習，但如果我在這裡學到了什麼，那就是要趁還活著時解決所有衝突，因為未完成的事情會跟著你到下一個階段，決定你的存在狀態。你生命中犯下的每一個錯誤、你沒有為之負起責任的每一個傷害，都會成為某種心靈黏液，一種濃稠的物質，建構了幽禁你的界線。它是一個牢籠，但是它在你體內，更不可能逃離，更讓人苦惱。你被塞進自己內在，被永恆的自我執念吸入。你會尖叫，但是黏液太稠密了，你根本無法發出聲音。永無止息。

所以，謝謝妳，伊芙，妳召喚了我，給我機會反省我可怕的行為。我知道，我不一定會因此離開痛苦的地獄邊緣，但是妳願意給我道歉的機會，已然改變了這個令人絕望的景況。

我明白，妳很清楚妳的目的。妳任務的深度、誠意和需求都非常清楚，也非常強烈。我明白妳要我道歉。我必須說，道歉對我來說非常陌生，非常不自然。我不記得自己為任何事情道歉過。事實上，我的成長強調道歉就是暴露弱點，讓自己變得脆弱。

我猜，我的脆弱正是妳想從我這裡得到的。或許這一直是妳所需要的。我會盡力不為自己的行為辯護、不試圖合理化我的行為。我會試著述說我的行為和我的動機。但述說並不表示尋求理解或原諒。這是最深刻的自白。毫無疑問，我寧可隱藏起來，不讓妳、上帝或我自己知道。正是此刻，我毫無保留、不為自己辯護地坦露自己，反省自己。

我問我自己，道歉到底是什麼？是謙虛，是承認做錯事了，是臣服。是一種親密與連結，需要極大的自我理解與洞見。我顯然能力不足。

道歉需要時間。無法加快腳步。幸運的是，我在這邊不斷練習，重新回想及思考我犯的罪，在心裡不斷重現所有的細節。我知道妳說過道歉必須完整，而且必須很誠實且注重細節，才能讓人相信。我盡力了。我遵照著妳的嚴格規定：必須明白我的行為是犯罪。我必須面對我的行為和侵犯，明白它們如何深刻地影響和摧毀了妳。看見妳是一個「人」。試圖體驗或感受妳內在的感覺。

為我自己的行為感到深刻的後悔與懊惱。最後，為我自己的行為負起責任，深入地努力瞭解——是什麼使我做了我做的事情。

在這封信裡，我需要回到我行為的初始根源。我以前極不誠實，我現在會盡量誠實。我會試圖不懷著防衛心態或自憐，因為我明白，二者都無法進一步澄清或解決任何問題。

很多活著的人不相信他們和死人還是有關係的。我也曾是如此，一直躲在幻想中，或是躲在希望中，覺得過去就過去了。我們曾經有過肉身，死後會腐爛或是燒成氣體。

亡者渴望生者。只有經由活著的人、經由他們最深的想像與同理心，亡靈才能認識自己，並得到自由。如果活著的人能夠，並且願意碰觸到他們對亡者的愛，能夠接觸到他們對亡者的憤怒，彼此就還是在關係當中，可以進行真正的對話。亡者將起來說話。我們仍然在，躲在家人和我們愛的人的內在，躲在我們傷害的人的內在，躲在我們餵養過的人的內在。我們在舊房子的牆裡，在夜晚的寂靜裡，在慶典中，在誕生、婚禮和喪禮的儀式中，在活著的人渴望亡者目擊與認可的任何地方。我們像是血液中冬眠的細胞，等待著被活著的人喚醒，被活著的人企圖理解的決心喚醒。我們被活著的人的慷慨喚醒，無論他是想要記得、珍惜、吵架、吹口哨或重建。

伊芙，我並不意外是妳把我喚醒。當我無法面對時，妳，願意並能夠擁抱我的悲傷與哀悼；當我沒有眼淚時，為我哭泣；為我索取、保存和試圖瞭解我那被自己背叛的靈魂本質。

我很確定，當妳看到我會書寫，並且看到我書寫的方式，一定會覺得很意外。雖然這是我平常說的語言。老實說，我也很意外。在我的想像中，這應該會比妳預期的更為正式、更有情緒。但是妳不知道的是（或許在妳的心底深處，妳其實知道）我夢想成為作家。一個作家或神職工作者。我夢想著終生獨處靜心、閱讀和自省。一輩子在哲學中打轉，思考著意義和事物的大哉問。

我夢想著妳現在過的這種生活。如果說，我可以從自己糟糕的行為中得到任何安慰的話，我有時候會想，或許，我無法完成的夢想，進入了妳，啟發了妳的路途。我不是想要對於妳是誰，以及妳的成就邀功。妳創造了妳的人生，一步一步艱苦地走了過來。我知道，妳今天的一切，很多不是來自創造，而是重建。將我用暴力與策略（有意無意之間）砸碎的自我，重新拼湊起來。悲哀的是，我完全瞭解妳原本可以成為怎樣的人——有自信、對回憶及智力有安全感、快樂、活在自己的身體裡。在我破壞妳之前，我已經看到妳是誰了。

或許這是為什麼我必須如此傷害妳。從一開始就打爛妳的膝蓋。因為我不可能讓妳超越我，顯示我其實是假貨，或是個失敗者。但是或許，只是或許，我真正渴望的一切，有一小片傳給了妳。妳知道我夢想研究舊約聖經嗎？這是我最大的野心——把我整個人獻給舊約聖經，甚至可以犧牲我的生命。

我根本不想要有孩子或妻子，所以我直到五十歲才終於結婚。我想要撐得越久越好，希望有奇蹟發生，改變我的命運，讓我有機會實踐埋藏在這一生下面的、真正的人生夢想。我對人沒有什麼興趣。他們惹我生氣、讓我失望。書和思想則是我的糧食和啟發。我的內心其實是一位隱士，一位追尋者。我被迫進入五零年代的家庭，有個來自中西部的妻子、三個小孩、橄欖綠的卡迪萊克汽車和一個冰棒工廠。多麼荒謬！

所以，謝謝妳。妳的召喚和妳的存在，打斷了無盡的旋轉。三十一年以來，第一次，痛苦與折磨暫停了。即使只是暫時，我也為此深深感激。真是奇特。我以前從不知感激。我不記得說過「感激」這兩個字。整個世界本來就是我的，我為什麼要感激呢？相反的，世界需要感激我的存在。

我的權利，王者般的神聖權利，是我母親賦予我的。在各方面，她都和上帝一樣，有存在感、令人敬畏、可靠的權威。她非常美麗、非常嚴格。

我是老么，比兄姊年紀小了很多。我顯然不在計劃之中，但是母親極為特殊地對待我。我是一個錯誤，卻變成了奇蹟。是金童、是被選中那位。我將滿足我母親的最高期待，解救我父親於長期的憂鬱與失望。從我有意識開始，他們就讓我相信，我比四周所有的人都更好、更聰明、更寶貴、更值得。我不知道為什麼。直到現在我還是不知道為什麼。

我本能地知道，母親希望這是真的，她在這個信念上的過度需求與她自己有關，也與我有關。否認或抗議這個信念，都等於是在質疑她脆弱的自我，會讓她陷入絕望。

我是她的救贖。我的降臨代表好運。我的存在可以讓她可悲的婚姻復活，使她免於痛苦。我是光。我是寵兒。我是救世的兒子。崇拜暗示著某種序位階級。被崇拜的人比你高階，超越了你。因此，我很寂寞。極端寂寞。被崇拜者的寂寞。

如果你特別，那麼，從一開始你就被孤立了。你為了滿足崇拜你的人的需求而存在，是他使得你成為被崇拜的物件。我確實是一個物件。母親對我的崇拜使她和她崇拜的物件保持距離，好像碰觸我就會貶低了我似的。好像把我當一個人來對待，會讓我平凡。我不記得她曾經擁抱過我。我不記得她和我玩、追逐我、和我在草地上奔跑過。我只記得她指揮我、指正我、管理我、教我、塑造我和建構我。我不是我自己生命的主體，無法表現哀傷、哭泣或調皮。

我父親海門（Hyman）是奧地利人，我母親莎拉（Sarah）是德國人。兩人都受到最嚴格的教養。他們都相信並執行德國非常受歡迎的名醫，丹尼爾・高特洛博・摩里斯・史瑞伯[2]的主張。史瑞伯醫師強烈認為，嬰兒應該從小受

2 編註：Daniel Gottlob Moritz Schreber，1808 - 1861，是一位醫師且任教於德國萊比錫大學。他有三個兒子有精神方面的困擾，其中一位的案例詳見於佛洛伊德的《史瑞伯：妄想症案例的精神分析》（心靈工坊出版）。

教，服從大人，不應該哭泣。他說，控制嬰兒的方法就是嚇唬嬰兒。之後你就永遠是嬰兒的主人了。他強烈鼓勵家長不要展示情感，不要擁抱或親吻孩子。

他的理論是，如果成人不表達情感，用恐怖和羞辱對待兒童，兒童就會服從權威，不會逕自胡亂採取行動。成人要有嚴格、詳細的規定，孩子就會遵照規定，就像亂長的植物被綁在棚架上，就會不得不直直地往上長。這樣養大的孩子將爬到社會、經濟成就與權力的最高層。

我的媽媽或爸爸都無法忍受他們對我的計劃有任何差池。他們的許多希望都寄託在我身上，他們對我比對其他孩子更為嚴格。我是他們的物件，我將被雕塑成為完美的人。我所有的行為都受到監視。我的母親雖然對我很冷淡、不表現情感，但是非常會奉承我。奉承就像催情劑，奉承會讓你充滿瘋狂，有過度強化的自我認知，以及扭曲、過度膨脹的自信，永不止息的受此驅使。

雖然如此，內在的我覺得自己很平庸、沒有靈感、空虛。雖然母親將我理想化了，父親卻認為我懶惰、被寵壞了、缺乏動機、混日子、不專注，完全是個沒用的人。我的看法和他類似。這就是為什麼，我總是很憤怒。母親眼中的我，和我真正覺得的自己不一致，這讓我覺得困惑又挫折。一方面，她的寵愛讓我感到很虛榮，十分有吸引力，但另一方面，我母親毫無意願，或是沒有能力看到真正的我。也就是說，她根本沒有真正注意過我，從未聽到我說的話，也從未好好看看我。她蔑視任何脆弱和自我懷疑的跡象。她沒有時間，也沒有耐性，無法忍受我的孩子氣。

還有我的姐姐們，安娜（Anna）、畢翠絲（Beatrice）和蘿斯（Rose）。我出生時，她們分別是十五歲、十四歲和十三歲。我是她們熱愛的玩具。我是她們的榮譽。

我從來無法甩掉那種，覺得自己是冒牌貨、隨時會被發現的感覺。我無法當一個正常的小男孩，有著狂野愛玩的天性，作白日夢、頑皮搗蛋。我活在無盡的壓力下，假裝自己配得上這個超人一般的存在形象。但是我心裡充滿不確定、挫折和一般人都有的需求。

其他孩子不喜歡我已經成形的浮誇風格。他們覺得我很自大自誇。我並不霸凌別人，但比較像一個讓人無法忍受的、勢利的傢伙。基本上，沒有任何人有資格當我的朋友。每次我帶朋友回家玩，我的父母就會說他們配不上我。他們非常批判、瞧不起別人。這種情形真是丟人。最後，我不再帶朋友回家玩了。

我越來越孤立。沒有人可以說說話，沒有人可以分享心中的質疑，也沒有人可以一起玩。除了建構超人神話的家人之外，我跟任何人都沒有有真正的連結。因此，我有非常扭曲的自我形象及世界觀。唯一真正接觸到的是大我十一歲的哥哥，米爾敦（Milton）。有一段日子，我跟他住同一個房間。他非常不快樂，把他的挫折與嫉妒都發洩在他偉大的弟弟身上了。他非常討厭我，很喜歡欺負我，發明各種瘋狂的虐待和恐怖手段：在我眼睛滴酒精把我吵醒；在我內衣裡藏紅火蟻；說服我認為自己的小雞雞形狀和大小都非常不對勁。他把我鎖在衣櫥裡好幾小時，或綁在床角直到我手腕都磨破皮了。我總是害怕他有一天會害我重傷，甚至殺掉我。這些虐待都是祕密進行的。我沒有人可以申訴，因為打小報告會讓我看起來很脆弱、無法保護自己。當然，他深知這點，因為沒有人知道他的變態行為日新月益，越來越可怕。我沉默地受苦，頑強而緘默，我知道我無法表達自己的脆弱或恐懼。我學會分離出另一個人格，將羞辱和恐怖隔離開來。我發展出沒有感覺的能力。我學會了消失。

我想，就是在這個時候，我關起了同理心的門，因為如果我感覺到任何人的痛苦，就表示我一定會感覺到我自己的痛苦。這是我無法忍受的。我經由想像來釋放每天體驗到的憤怒與恐懼。我總是在想像著報復和破壞。就是在這個隱形的戰場上，我的個性成形了。在我內心深處，我變得無法觸及自己。無止盡的想像塑造了我日後的行為。沒有人能夠再小看我、羞辱我或傷害我了。至少我會讓他嚐到最嚴重的後果。到了青春期，我的孤立越來越深。這讓我極為焦慮、不安、激動，且沒有地方可去，無論是外在或內在，我都無法放鬆下來。

我被邪惡的能量佔有，我很確定這將帶我犯下暴力犯罪、瘋狂或遇上災難。或許，我祕密地希望如此。我希望發生某種危機來打破這一切，永遠消除這個令人無法忍受的形象——這個荒唐、過度且超級完美的我。我十七歲生日的時候，意外幸運的，一位在娛樂界的叔叔第一次帶我去看電影。電影為我打開了一扇門，我找到了脫離痛苦的方法。約翰·巴里摩[3]、艾洛·佛林[4]、賈利·古柏[5]、藍道夫·范倫鐵諾[6]。他們都非常帥、非常有才華，而且很迷人。非常迷人。

我在大螢幕上看到了何謂迷人。這些人本身有某種優雅，可以取悅和吸引別人。他們能夠讓觀眾全神貫注，感到深沉的喜悅，而且他們似乎無須努力就有這種力量。好像他們存在的本質，就足以把觀眾催眠了，何況他們還不只是長得帥而已。我更年輕時也很帥，卻沒有讓我成功。不，螢幕上的這些男人擁有某種能量，他們非常有魅力地運用自己的外貌，好像他們的英俊樣貌有某種智慧，好像他們被某種令人上癮的無形能量提升到了另一個層次——一個莫測高深的層次，吸引著你，讓你一直渴望、一直為之瘋狂、一直著迷。

---

3 編註：John Barrymore，1882－1942，美國演員，無聲電影《唐璜》（*Don Juan*）的男主角。他的孫女是演員茱兒・芭莉摩（Drew Barrymore）。

4 編註：Errol Flynn，1909－1959，澳洲男演員，主演的電影中，較著名的是《羅賓漢歷險記》（*The Adventures of Robin Hood*）。

5 編註：Gary Cooper，1901－1961，美國知名演員，曾獲五次奧斯卡最佳男主角獎提名，並以《約克軍曹》（*Sergeant York*）與《日正當中》（*High Noon*）獲奧斯卡最佳男主角獎。

6 編註：Rudolph Valentino，1895－1926，義大利男演員，因美型的外貌而在一九二〇年代極受歡迎，曾演過《酋長之子》（*Son of the Sheik*）等片。

我一有機會就去看電影。我研究這些男人，吸收他們的每一個動作、微笑、服裝、自信，包括如何走進房間、如何吸引女人。我開始學他們的動作，擺出他們的姿勢。我喜歡偶爾用手無意地刷過仔細梳好的頭髮，或是隔著房間，神祕卻彷彿看透人心。我忽然有了一個新的自我形象，屬於我的，不是我母親的。我知道我想要當什麼人了，形象就是一切。我很年輕時就明白了，美國文化是基於影像和想像。要成功，你就必須全心全意的成為你所創造的形象。

迷人的魅力就是我的堡壘。魅力有兩個作用。一個是吸引別人靠近我，讓他們感到興奮、快樂，對我著迷。然後，即使他們覺得被我看輕、受到傷害或感到害怕，我的魅力仍讓他們感到困惑。他們會像蜂蜜吸引來的蒼蠅一般，即使痛苦也離不開我。我在同儕中的地位迅速轉變，從不知名的小卒變成了神祕帥哥，從憎惡變成模仿。我不確定那時候或任何時候，有沒有人真的瞭解我或喜歡我（老實說，有什麼好喜歡的呢？），但是他們都跟隨我，敬畏我。他們想要接近我，擁有我所擁有的一切。

當然，這是幻象，是怪物。但是誰管它呢？魅力消除了自大的醜陋，讓自大變得甜美了。我仍是個勢利鬼，但是現在大家為此而欣賞我，因為我的自大似乎其來有自。那些年，遇到妳母親之前，我的演出達到完美。確實，我的一生都是一場偉大的表演。這個閃亮如新的我，似乎消除了我父親的批評和厭惡。他對我的新態度、裝扮和形象印象深刻，忽然對我有了信心，覺得我確實會成為他和我母親夢想中的黃金男孩，帶給家族財富及地位。我的姐姐們和母親更加愛我，也對我更忠誠了。我是新的美國之王，帶領大家獲得迷人、閃亮的未來。就連米爾敦，我的惡毒哥哥，也嚇了一跳，從我改變的整個效果得到啟發。他逐漸開始模仿我的穿著風格，有時還陪我去看電影呢。

我內在那個受折磨的憤怒年輕人完全偽裝了起來，穿著帥氣的手作西服。

他的穿著很有自信，非常優雅。似乎，至少暫時地，藉由風格和魅力，將敵人都變成了崇拜他的人。你可以想像，對於我現在才懂得的、我的靈魂病態，這一切成了最虛假的解藥。我曾經夢想成為一個深刻、沉思、睿智的人，但是我被世界定位成了正好相反的人。我成為了我心裡蔑視的一切。

我在死亡的領域遊蕩了這麼多年，不斷地思考著自己，以我現在看來，我們無法真正地埋葬任何痛苦，或是在心裡真正的逃避痛苦。我試圖離開那個受盡折磨的男人，但是他最後還是冒了出來。那些年，我逼著他深入地底，但是所有被我忽視、毫不關心的哀傷與痛苦，最終將轉移，成為一個個體——成為最可怕的惡魔，回來。他將佔據我的人生。而最令人遺憾的是，過去三十一年，他也在地獄邊緣佔據了我的死亡。我知道我正在以第三人稱談到他，但我絕對不是試圖要用第三人稱為他的行為逃避責任。第三人稱只是在表示，我和這個人變得多麼疏離。我稱他為「影子人」（Shadow Man）。

正如我的父母沒有看到、也不曾注意我是個真正的小男孩一樣，正如他們將我理想化、把我當成國王看待一樣，我學會了如此對待自己。

我在自己心裡成為上帝。我擁有全部的權力，是完美的。影子人在這個故事裡毫無位置。我流放他，正如我自己被流放。如果他感到痛苦，我會對他失去耐性，告訴他快點恢復。如果他害怕或懷疑，我會無情的批判他、欺負他。如果他冒出自我價值很低的跡象，我就用我偉大的觀點、無限的權力與成就，澆熄他。如果他試圖提醒我，我已誤入歧途、離開我的心靈渴望很遠了，我就羞辱他。我會用我越來越多的成就，使他不切實際、沒有道理的夢想顯得渺小，逼他同意我是對的。我靠著喝酒趕走他，我靠著成就趕走他。但是，影子人一直在計劃、激動、焦慮。他感到被背叛，他的苦澀和憤怒像是火山岩漿似的，在我的皮膚底下不斷長大，一直到很後來，他才冒了出來。我對自己逐日加深的厭惡，以及我的自大，不斷的與我自己產生磨擦。我完全無法，也不願意改變自己的道路，而這也確保了我未來的殘酷與暴力。

但是影子人不會這麼早就冒出來。接下來的數年，我建立了迷人、俊帥、勢利的人生。我和迷人、時尚的人一起混。我當過一陣子的模特兒。出現在公眾場合時，身邊一定有非常美麗的女星或優雅的交際花。我受邀參加最高級的俱樂部。我毫不費力地升到社會和企業的頂端。諷刺的是，我根本瞧不起那些歡迎我的冒牌貨和偽君子。我根本不在乎錢。我覺得金錢太低級了，配不上我。金錢只是維持我偽裝的工具罷了。或許，正是因為我厭惡這一切，才使我如此幸運富有。

我注意到，大家最渴望的就是那些毫不在乎他們的人。他們會聚集在最善於批判的人身旁，因為他們是毫無價值的冒牌貨，這個人肯定了他們對自己最深刻的懷疑。我運用這個弱點，提高和維持我的地位。大家都怕我，他們可以感覺到我對他可悲的事務，內心充滿厭惡。我的魅力和外貌讓他們分心，也吸引他們接近我。我的人生是一場需要好好控制的遊戲，一個需要好好創造並使之完美的風格，是一個人格、一個形象。我成為了所謂的現代美國男人。

這時妳母親出現了，我的單身日子開始不那麼好過了——很快地，可愛的小子降級成為毫不在乎的混球。我已經快要五十歲了，男女關係卻從未超過幾個月。我告訴自己，以及別人，尤其是我的姐姐們，我是在等待「真愛」。但是實際上，我討厭關於婚姻和家庭的一切。想到要和一個無聊的女人以及一群討厭的孩子關在一個房子裡，日復一日地過著同樣的生活，這光聽起來就令人受不了。

就在這個時候，我遇見妳母親。但願我可以跟妳說我們陷入熱戀，但其實沒有。（雖然妳一定知道，我後來非常愛妳母親。）

我們的狀況不同。妳母親比我小二十歲。她的美麗和青春，在我這個頭髮開始發白的老帥哥身旁，形成了驚人的對比與加分。她非常美——金髮、身材好、年輕、迷人，十足的吸引力。她既有美女的姿態，又有被人欣賞的被動性格。但是真正吸引我們彼此的是，我們都在對方身上看到了自己。

我們都是逃遁專家。我們兩個都想逃離過去令人錯亂的監獄，令人窒息的家庭，以及我們不均衡的個性中的種種元素。我們都是自己創造的產物——妳的母親試圖消除在貧窮的中西部鄉下長大的任何跡象，她把頭髮染成金色，改了自己的名字，研究電影裡的女星，模仿她們的風格與個性。我們兩個原本都是單打獨鬥的演員，之後聯手演出了惹人喜愛的雙人戲劇，亞瑟（Arthur）與克里絲（Chris）。除了跳舞以外，我們什麼都做。後來，當大家開始說我們就像卡萊．葛倫[7]和桃樂絲．黛[8]時，我們就知道我們成功了。我們完全是自己創造出來的人，我們只存在於表演中。在早期的那些年裡，我們的演出很成功。

我們在紐約最高級的社交圈裡吃飯、旅行。我們的生活靠著一杯又一杯的馬丁尼，過得很好。那時候，我在冰淇淋工廠的職位一直往上升，取得了很重要的位置。我們的服裝符合角色，我們學會了如何說話、如何聰慧地作出回應。我們不知道自己是誰，更不知道對方是誰。我們獨處時不會深入交談，我們的外表是無法穿透的時尚盔甲，我們在意的只是不斷提升社會階級。我們神祕、迷人、引人注目，卻完全沒有入口。

頭幾年，這個狀態對我們兩個都很管用。我們有錢、充滿魅力、美貌、地位和酒。我們對性生活敷衍了事，那也是表演，雖然這方面妳或許不想知道得更多。我們的婚姻是一項公平的安排，讓我們可以不斷提升和維持我們的社

---

7 編註：Cary Grant，1904 – 1986，英國演員，曾演出驚悚大師希區考克作品《北西北》（*North by Northwest*）。

8 編註：Doris Day，1922 – 2019，美國歌手、演員，曾演出希區考克的《擒兇記》（*The Man Who Knew Too Much*），並演唱主題曲 Que Sera, Sera 得到奧斯卡金像獎最佳原創歌曲獎。

會地位和權勢。就像是個小型企業，我是總裁，她是我的執行祕書。但是，我的自大最後還是打敗了我。以我如此優越的人格和聰明，怎麼可能不繼續創造自己的神話呢？以我的魅力、外貌和聰慧，怎麼可以不生孩子呢？老實說，我想，我和妳母親都覺得，孩子只不過是我們逐步演化的人生中的道具而已。

從年紀很小的時候開始，我就一直覺得生孩子很可怕。那是某種奇怪的感覺，好像孩子可以把我拋入無法預見的災難。成年之後，我不喜歡孩子，他們也不喜歡我。對我而言，兒童既陌生得令人不安，又熟悉得可怕。表面上他們惹我煩心、讓我生氣，但其實，我的感覺更為深沉。最後，生孩子促使影子人再度現身。我現在明白了自己不想生孩子的直覺是對的。

我從未有機會當個孩子。兒童是無法否認的證據，提醒我曾經像他們一樣：脆弱、有需求、無法控制、亂七八糟、活脫脫的。他們激起我無法承受的失落、無法承受的渴望，以及遭受最深刻背叛的感覺——他們激起殺氣騰騰的憤怒。我瞧不起他們無止盡的需求，因為他們提醒了我的無止盡的需求。

小伊芙，妳的誕生，把我拋進了最深的困惑與錯亂。我沒有任何心理準備來面對妳的溫柔。我也沒有任何心理準備，面對妳激起的、我的溫柔的一面。在妳童年的早期，我無法信任自己照顧妳。每一次我抱起妳，我可以感覺到妳小女孩溫暖柔軟的肌膚。每一次，妳的手指緊緊抓住我成年男子的手指，我整個身體都會湧起快速的脈動。我們之間的火，比我曾經感覺過的任何感官刺激都更為強烈，比獲得總裁的職位更充滿電流，比性愛高潮更令人激動，比最深的祈禱更為愉悅。這個能量充滿我全身的每一個細胞。它讓我脫離肉身，達到狂喜。

沒有人跟我提過這種感覺。我完全不知道我會對我的小女孩有如此強烈的感覺。我不懂得愛。我從未被愛過。我被崇拜過，我曾經被視為偶像，我曾經是救世主。但是我從未品嘗過母親胸前甜美的乳汁。她從未餵養我，滿足我的細胞與靈魂。我的身體無法接收或保存如此甜蜜的快樂。

每次接近妳小小的身體，我都會僵直癱瘓，非常害怕而充滿恐懼。妳母親覺得很好笑，覺得這是我這一代的男人，面對未知與脆弱嬰兒時的典型反應。但是完全不是如此。我要如何告訴妳的母親，每當我碰觸到妳鮮嫩的皮膚，我就陷入狂亂與炙熱的痙攣呢？我一生中，從未在她身上，或任何女人身上，感受到如此的經驗。妳溫柔的本質打開了我心中，以及胯下的鋼鐵之鎖。我整日整夜被快樂與痛苦佔據，完全無法反抗我的慾望。我要如何告訴她，我只要妳，沒有任何碰觸能夠像妳的碰觸一般，沒有任何甜美能夠像妳的甜美一般？我已經背叛她了。

妳是我重新獲得的生命力。妳是我的精子和肉體創造出來的，熱情的禮物。妳是神聖的召喚、邀請、狂野的祈禱。我無法告訴妳母親這一切，我也不想告訴她。因此，我種下了祕密的種籽，持續進行雙重身份的生活。但我試過，我試著躲開。在早期，在我跨越禁忌之前，我向上帝祈求，讓我不要再陷於對妳的痴迷。老實說，我的祈禱並不認真，也不虔誠。因為慾望與命運已然結合。

妳的出生喚醒了影子人，他的貪婪有著一千匹野馬在風中自由奔馳的能量。他像野獸般恣意掠奪的權力，浸潤在妳溫柔的情色本質中。妳的存在似乎證明了他的存在。妳的純潔，妳的生命力，正是他渴望的食物，以便感覺到他自己的生命力。他耐性地等待著，就像獅子在草叢中等待，在最適合的時刻奪取他的獵物。

妳生命的前幾年，我保持著距離。我很少碰觸妳，雖然在晚上，我經常偷偷到妳的臥房，站在嬰兒床旁看妳睡著的樣子。我會傾身向前，吸著妳甜美的嬰兒氣息。我會幫妳蓋上妳的白色小毯子。當我用毯子包裹妳的小身子時，我可以感覺到自己不斷墜落、墜落、墜進銀河宇宙，那裡有我從來不知道的安全和愉悅。在妳的嬰兒床聖殿中，妳被白色棉布包裹，完全脆弱、完全信任，妳是光彩照人的犧牲。

妳五歲了。五歲很特別。妳的臉開始像我的臉，妳的褐色眼珠更有生命力、更吸引人了。妳的嬰兒身體忽然有了女性的氣息，妳頑皮的幽默感顯示了妳的聰慧。妳和我玩，妳跟我開玩笑，妳似乎瞭解別人從未瞭解的那個我。妳喜歡我的一切，妳在我的擁抱中感到完全舒適，妳要我，不像我的母親。妳並不覺得我應該是什麼樣子，妳就是愛我原本的樣子。我受到妳純真、毫無保留的崇拜。我是軸心，妳圍繞著我旋轉。如此強烈的麻醉劑！我怎麼會知道每一個女兒都對她的父親如此？我怎麼知道這種崇拜本是兒童發展的必要階段，不應該被玷污？相反的，這一切餵養了我的自大。或者說，我據此採取行動，不去懷疑自己的錯誤。這滿足了我的空虛。一個孩子誕生了，她覺得我是上帝。她像我母親和姐姐們那樣崇拜我，就像她們本來就應該崇拜我一樣。

妳是我的寶貝，是我創造的，反映了我現在的價值和榮耀。妳比妳的年紀有智慧，似乎直覺地知道我的需要和我的情緒。如果我覺得沮喪（我常常覺得沮喪），妳會爬上我的膝蓋，用妳的小手指頭拍我的臉頰，好像要讓我分心，溫柔地讓我不再哀傷。如果我生氣了，沒有人敢接近我，也只有妳敢。妳會對我做鬼臉，或像小丑一樣跳舞，讓我笑出來。妳是最善良的小女孩，總是在協助別人，總是在同情四周的人。每次有人哭了，妳都會跟著哭起來。妳有著天使一般的心。而且妳是我的，是爹地的小女孩，我的小甜餅。我總是這樣叫妳。我看得出來，現在妳聽到「小甜餅」會縮起來，但以前的妳不會。小甜餅。小甜餅。餅皮真好吃，裡面還有甜美溫暖的水果餡。

我盡力克制和隱藏我的迷戀，但是那樣的熱情不可能遮得住的。妳的母親總是開玩笑說，伊芙是「她父親眼中的蘋果」。以某個角度看，我想她其實覺得終於放心了，她很鼓勵這個依附關係，因為我在妳更小的時候，跟妳並不親近，她很擔心我會永遠無法和妳建立連結。所有的力量都把我們推到一起。溫柔。這份溫柔發射出甜蜜的音波，穿越了邊界。噢，耶穌啊，如此折磨人的溫柔！在地獄邊緣，溫柔已然消失。空虛的無人之地，沒有美好，沒有善良。

在我的童年，美好與善良被視為脆弱和缺乏男子氣概，是不被允許的。活著的人最想念的一定就是美好與善良了。除了溫柔，我們還會更害怕什麼呢？戰爭、仇恨、殘酷都無法像溫柔一樣，讓我們覺得沒有防備。我們能拿它怎麼辦呢？吞噬、擁有、摧毀它？我從來沒有想過，我可以只是單純地與它相處就好了，只是和妳在一起，只是感覺、欣賞、分享我深刻的愛。但是，這份驚人的愛變成了折磨、燃燒的詛咒。我如此空虛，如此沒有準備。喔，小伊芙，我多麼愛妳。

是怎麼開始的呢？我知道妳很想知道。一個人如何跨越了界線？一個人如何撕毀寫在我們集體DNA上的禁忌？答案是慢慢地、逐漸地。我要提醒妳，我認為自己是一個非常有道德的人，並以此為傲。我堅持要誠實、說真話，我只賺我們家需要的金錢，不求更多。我相信生活最重要的就是適量。我用最嚴格的方式訓練我所有的孩子，所以你們總是很慷慨、尊重別人。我以自己的正直自豪。

即使在做生意的時候，身為公司負責人，我也總是要求自己公平。我瞧不起貪婪與浪費，從不喜歡暴發戶，他們太庸俗了，總是在追求財富、累積物質。你們這些孩子都擁有你們需要的一切。牙齒矯正、衣服、鞋子。每年去渡假，上游泳和芭蕾課。

噢，我在說些什麼？恐怕我又說偏了，試圖說服妳，我有我的優點。這絕對不是妳需要或想要的。我只是想說，在我對妳而言成為的那個人，以及我覺得我是怎樣的一個人之間，有很大的分裂。

一開始很簡單，很容易潛藏在日常之中。我們有個遊戲。我閉上眼睛說：「我的小伊芙去哪裡了？她為什麼跑掉了？她躲在哪裡？」

妳會開心的尖叫，大聲喊：「爹地，我在這裡。我就在這裡。」但我還是閉著眼睛，我說：「喔，哪裡？喔，哪裡？我的小甜餅去了哪裡？她為什麼不再愛我了呢？」妳會拉我的褲腿，搖晃我的大腿，說：「我在這裡，爹地。我就在這裡。」我說：「喔，她跑掉了，我好傷心啊！她為什麼離開她的爹地呢？」妳會推我的手臂和兩腿，喊著：「爹地，打開眼睛。打開你的眼睛。我就在這裡。」然後妳慌了：「打開你的眼睛，爹地。」妳會爬上我的兩腿，小手指會做盡一切能夠做的事情，試圖打開我的眼瞼。但是我就是不打開。於是妳哭了起來：「爹地，打開你的眼睛。打開你的眼睛。」當我覺得已經進行得太久了的時候，我會打開眼睛，顯得非常意外、非常驚喜的說：「喔，她在這裡！我的小甜餅在這裡。但是我不知道她是不是還愛她的爹地！」妳會捧著我的臉，看著我的眼睛，一直不斷地親吻我的臉頰和額頭。「我愛你，爹地。我愛你，爹地。」「我不知道，小伊芙，我不確定。」妳會咯咯笑，尖叫，打我一下。「你是我的爹地。爹地是我的。」「我不知道。小伊芙，妳確定嗎？」妳會把整個身體纏繞著我的身體，妳的臉頰揉著我的臉頰，像一隻發情的小野貓。我會抱著妳，緊緊擁抱，把妳舉起來，旋轉。「是的，我想妳確實愛妳的爹地。妳愛我。妳是妳的爹地的寶貝小女孩。」然後妳會感到放鬆和快樂，又笑又尖叫。

有那麼一天，我等得太久了，卻還不睜開眼睛。（現在想一想，我是不是在逼妳崩潰？）妳變得絕望了：「爹地，爹地，打開你的眼睛，我就在這裡。」「我找不到妳，小伊芙。」妳尖叫著，哭著，絕望地用手指試圖拉開我的眼瞼。「打開你的眼睛，爹地，打開你的眼睛！看我，看我！」然後妳開始乞求，大聲哭嚎：「爹地，打開你的眼睛！打開你的眼睛！」

當我終於打開眼睛，已經無法安撫住妳了。妳一直一直大哭，好像妳正在體驗某種古老而原始的失落，好像妳碰觸到了宇宙最遙遠的哀傷。我試了一切方法，讓妳安靜下來。我抱著妳、我親吻妳，我嚴肅地叫妳停止哭泣，但是妳就是不肯停下來，或者，妳無法停下來了。

我不明白為什麼那時就發生了那樣的事情。或許我體驗到了妳對我的依附有多麼極端，感覺到妳對我的需要有多麼深刻。我嚇到了。以前從來沒有人為了得到我的注意力大哭過。或許是妳的極端脆弱和絕望，給了影子人許可，讓他現身，取得控制，採取行動。在那時、那裡，他衝開了罪惡的大門。他開始撫摸妳小小的身體。一開始是為了安撫妳。或者，至少，這是他告訴自己的託辭。他的手慢慢地、安撫地，滑過妳的胸部，滑過妳微微冒出的小乳頭，感到小小的愉悅。妳似乎得到了撫慰，放鬆了一些。但是這比較是為了他自己。他要這個。他的手滑下妳的腹部，妳感到搔癢。然後，慢慢地，更有意地，往下，一直滑到妳的棉布內褲。我知道我應該停下來。我知道這錯得離譜，但是我繼續下去。我是一個五十二歲的男人，和一個五歲女孩在一起。我的需要、我的慾望，比妳的舒適與健全更為重要。我的手現在輕輕碰著，但還不是撫摸妳的甜美私處。這一開始很輕微，可能是在試探吧。我利用了妳的開放、我濫用了妳的信任。我告訴自己，這是妳要的。妳的哭泣停止了。我的撫摸是毒藥。

我把妳抱在膝上，所有的界線都消失了。超越禁忌、超越法律，那裡有無盡的愉悅，上上下下，上上下下。整個天堂似乎都呼喊了起來。繼續。不要繼續。繼續。這樣不對。這是你的權力。這是犯罪。這樣太過分了。喔，小伊芙，我必須停止。

我太快就說到這裡了。我現在就像當初一樣。我知道，這一定讓人覺得像是回憶的復甦，而不是懲罰。

那天，影子人跨過了界線，永遠的改變了我的生命，以及妳的。我進入了一個毫無道理可以引導我、毫不熟悉的領域。我切斷了船的繫繩，這根繩子定義了我是一個有道德的人。我永遠被放逐在無情的大海裡了。我現在可以看得出來，但是當時，佔據了我的力量如此強大，超過了任何理性思考。

妳是天使，降臨到我的生命裡，我渴望被救贖。妳是禮物，當我極度渴望成為一個人，比渴望其他一切都更加渴望的時候，妳帶我進入我的心。在我扭曲的心裡，我們結婚了，不是丈夫和妻子，而是更深刻的。我們用身體和上帝，以及彼此，立下了盟約。妳是我的，小伊芙。只屬於我。妳是那個特殊的人。經由她的美麗、純真和聰慧，帶我離開了我自己，到了一個我從不知道的高處，打破了限制，使我成為心甘情願的違法之徒。

影子人認為，我們關係的祕密本質加強了我們的連結、珍貴和親密。祕密像是毒品，瀰漫著情色、危險和共同的冒險。這是我們的祕密。沒有人能夠碰觸，沒有人知道，是我們之間的結合與承諾。影子人完全地運用了他的優勢。我們的祕密是一個裝飾華美的盒子，把妳藏在裡面。妳怎麼會告訴別人？妳怎麼會放棄樂園？

妳五歲就知道，妳贏得了我的心，我是妳的，沒有別人，只有妳。對任何孩子，這都是很猛烈的一件事。我想，這讓妳擁有了非比尋常的、扭曲的權力。妳只需要眨一眨妳美麗的眼睛，或輕輕提起妳發亮的襯裙逗弄我，我就完蛋了。妳嘲弄我、奉承我，然後當我上鉤以後，妳就不再注意我，讓我落入無止盡的慌亂。如果我不跟妳說我很喜歡妳這樣，我就不誠實了。直到那之前，從來沒有任何人對我有這樣的權力。沒有人跟我互動、和我玩、刺穿我的表層。「和我一起做，小伊芙，妳可以和我一起做。」於是開始了——那些狂喜的日子。

我會發現自己三經半夜在妳的房間裡。我只有在這個時候覺得活著，在白天和黑夜之間，拂曉時刻，無法分辨夢境與記憶。我就是如此控制妳。在那些黑暗時刻，屋裡別人都在睡覺，妳在出神狀態中脫離了妳的身體。我被影子人帶過去，坐在妳的床邊。妳假裝在睡覺，彷彿正在發生的事情並沒有發生。妳絕望地希望事情離開，希望我離開。但我沒有離開。我從不說話，從不發出聲音，沉默是我的力量。說話會打破咒語，使得情境真實起來、醜陋起來，讓我們看到真相。

我的手，不是手，從妳柔軟的睡袍和皮膚下面伸進去。妳，伊芙，妳的腿在被單下伸長了，常常是僵硬的。我輕輕地扯掉妳的內褲。我把妳的內褲捂在我的臉上，吸進妳的生命，吸進妳的潮溼。而妳，妳的眼睛仍然閉著，祈禱這一切能夠停止。我把妳的腿掰開，檢查。我是妳的醫生，妳的骯臟醫生。一開始，我用手指探索，看看哪裡有需要。輕輕探索著，這裡碰碰、那裡碰碰。輕輕碰、重一點碰。尋找需要被關注、需要深入的地方。

我告訴自己，這一切讓妳興奮，即使妳幾乎沒有在呼吸了。我是妳的醫生，我正在治療妳。妳當然要我。摸這裡。現在就摸我，爹地。讓它更舒服，這裡。我告訴自己，我是為了妳這麼做的。為了妳妳妳，小小的小伊芙。一開始非常慢、非常輕，幾乎沒有在摸。只是輕輕擦過那裡，我會摸它，壓一壓，揉一柔，動一動，然後稍稍挪開一點點，我需要一直壓，一直壓，我會一直揉妳，前前後後揉妳，前前後後，反反復復，揉啊揉啊，妳的那一點，我們的那一點，揉，醫生，就在那裡，就在那裡，不要停，好好做妳的工作，在那裡，治好我，讓它活起來。生命，生命。噢，上帝啊，小伊芙，妳就是生命。那裡爆炸了，我的手裡小小的地震，顫慄劃開整片土地。噢，耶穌基督。我覺得不舒服，我死了。死人沒有身體，要如何嘔吐呢？

我感覺到妳的厭惡和噁心。我看到這些過度的刺激淹沒了妳五歲的身體，充滿焦慮、恐懼和無法解釋的哀傷。愉悅變成自我毀滅，性變成哀悼。這是我做的。

小伊芙，我現在是什麼構成的呢？除了物質之外，我到底是什麼？不是皮膚，而是羞恥的細絲，不是肉體，而是纖維化的惡意。拿掉我的面具需要時間。每一層下面都有另外一層，每一層都是最真實的。我希望，我在挖掘這些腐爛的真相時，妳對我有一點耐心。我非常清楚這對妳造成的痛苦。妳要求對意識做法醫解剖，過程很慢。慢慢地，一點一點地，切割挖掘心靈的僵硬屍體。

讓我繼續說吧。有時候回想，有時候用另一個角度過濾。現在，我要繼續分享我當時的經驗，沒有自我覺察，非常自私，充滿慾望。雖然我知道，如此的描述可能看起來像是脫罪，會讓妳不舒服，但這是我當時經驗的方式。我並未分離，不像我現在知道影子人的存在。我在他裡面。我對妳的痴迷消除了其他一切。只要妳在場，其他人都隱形了，每個人都覺得被排擠出去了。就像種在陰影裡的樹，家庭越來越扭曲、畸形，飢渴地試圖獲得一點點陽光。他們絕望的伸出枝幹，成為惹人厭煩的負擔。

當然，我應該知道我的行為是邪惡、噁心的。但是影子人自認有權力這麼做的飢渴蓋過了我的罪惡感。他把責任倒轉過來，責備家人過於需索和病態。他推開他們，好像他們是伸出利爪的害蟲。對於他，只有一個人，就是妳，小伊芙，他不願意，也沒有能力遮掩。家人開始因此而蔑視妳。我讓妳成為別人仇恨的對象。這也是摧毀妳的一部分原因。他們不會責備我。因為我是丈夫、我是父親，他們需要我，所以他們責備妳。是妳使得他們有缺憾，是妳使得我如此憤怒，是妳使得一切變了調。妳偷走了我的心。妳把他們送進了黑暗。妳的名字是伊芙，就像聖經裡，伊甸園的夏娃，妳為整個家庭帶來災難。妳才五歲。

妳要如何覺得自己很好呢？妳是背叛者、小偷，妳自私、太性感、太強壯、太讓人全心投入。妳被汙名化、被詛咒、永遠被驅逐出了他們陰暗的花園。我們的黑暗夜晚持續著，但是影子人的傷太深了，他太貪婪了。每次越軌，都為他打開了另一扇飢渴的門，每次越軌沒有被揭發，都使得他越來越大膽，越來越有權力。

妳和我，我們活在兩個世界裡。白天和晚上。過了一陣子，白天和夜晚的界線逐漸分辨不清了。我渴望著妳，我的寶貝，我的癡迷如此強烈，開始滲出血跡了。

妳曾經將我從死亡帶回來過，喚醒我的心，讓我的身體著火。妳甜蜜的氣味和碰觸，以及孩子般的能量，像是新的血液，在我的身體裡流動。我像個吸血鬼，需要新鮮的血液才能活下來。我需要更多。我需要吞噬妳的每一寸，於是一切變得暴烈了。

令我極為懊惱地，妳母親安排了一次只有我和她的假期。我猜，她就是想把我弄出房子，遠離妳。我們去了一個無趣的小島，整個假期都令人鬱悶，我喝了太多的酒。我受不了離開妳。我令人不舒服，令人無法忍受。

我們回來了，我打開門等著妳跑過來，像妳以前那樣衝進我的懷裡，但妳卻根本不見蹤影。我發現妳在樓上跟妳弟弟玩。我走進房間，但妳根本沒抬頭看我，好像妳已經不認識我了，或是忘記我是誰了。你的母親必須說：「小伊芙，妳難道不跟爸爸打招呼嗎？」妳敷衍地走過來，嘆了一口氣，好像很厭煩這個不得不做的儀式，勉強親了我的臉頰。然後妳轉身，甚至對我沒有一絲微笑或注視，就回去玩妳的遊戲了。我的心沉到谷底。**這不是我的小女孩。發生什麼事了？使得妳變成這樣？**

我說：「小伊芙，妳為爹地可以做得更好吧？」試著逗妳，掩藏我的慌張和打擊。

「爹地，我現在很忙。」

一巴掌打在臉上。門關上了。一顆心被撕碎了。

現在，妳在跟母親競爭了。為什麼不會呢？我創造了怎樣的一個三角關係，怎樣混濁的心靈。妳的母親變成妳的對手而不是盟友。我帶我的另一個妻子去渡假，妳的心碎了，覺得自己被拋棄了。我沒有看到，對於一個九歲女孩，這是內心難以整合的情況。我不敢相信，被妳的拒絕弄得極為憤怒。我全心全意對妳，妳怎麼敢對我收回妳的愛？我是妳的父親，妳怎麼敢認為妳有權力拒絕我？

我從來沒有考慮過，我離開妳這麼多天，和別人在一起，妳會多麼痛苦，或是會有什麼感覺。我從未停下來想一想，我讓妳覺得妳是我心裡唯一的人，但這是一個祕密，沒有人知道這有多麼痛心疾首。我做的事情多麼噁心。妳一定備受折磨。妳會多麼痛苦地嫉妒啊！很多年後，當妳慣性地和一連串的已婚男人發生關係時，我知道這個模式是在此時形成的。此時此刻，妳認為自己是第二人選，永遠只是第二人選。永遠不會是結婚的第一人選。永遠不夠好、無法贏得任何人全部的注意和愛，只是暗夜裡他們拜訪的妓女。

但是當時的我，對這一切沒有思考，也沒有感覺。我失去妳了。我慌了。我可以感覺到妳的懷疑冒出來了，某種新的猶豫和質疑。我是一個小甜餅，小伊芙，但也是個猛烈而叛逆的孩子。我無法再信任妳會對我保持忠誠了。我必需控制妳，所以影子人出面了。我不知道我是否能夠繼續說。我在想，伊芙，如果我告訴妳接下來發生的事情，對妳到底是好還是壞。我知道，如果沒有詳細的述說，就不算是道歉。但是我真的懷疑，挖掘我殘暴的最深處來告訴妳這一切，對妳到底是更具毀滅性，還是療癒。知道我惡毒行為的細節之後，會讓妳更恨妳自己，還是讓妳獲得自由？

當時，一切都自有其邏輯，有其軌跡，並且有我魔鬼附身般的憤怒在火上加油。妳背叛了我。是妳逼得我變成這樣。妳威脅著要殺死我，因為妳收回了對我的愛。事關生死。我必需做些什麼、做盡一切，讓妳還在我的控制之下。

那天晚上，影子人來到妳的床邊，但是他的遊戲規則變了。他變得不耐煩，變得有攻擊性。他扯開被單，快速地用力拉開妳的雙腿。他在床上粗魯的移動著妳的身體。他奪取他所要的。

他不再假裝是醫生了。他是獵人。妳不再是病人，而是他的獵物。妳嚇壞了。妳的震驚和批判讓影子人感到羞恥，因此更為憤怒。

這個晚上，任何假裝的平等都消失了。他是老板。他主控一切。妳要他停止，試著推開他，妳慌了，停止了呼吸。妳的眼睛睜得大大的，好像在尖叫。

他的手指像是猛禽的爪子，一直深入。它們撕裂妳的僵硬。它們扯著妳的柔軟肌膚。它們拔掉嬌弱的羽毛。它們抓著、撓著妳珍貴花園的黃金大門。當妳拒絕它們進入，它們還是強行進入了。妳在他的惡行之下蜷縮。妳掙扎再掙扎，然後妳放棄掙扎了。

影子人蹂躪著他最渴望的柔軟。讓他變得無助與暴露的柔軟。讓他成為妳的囚徒的柔軟。他不要再當囚徒了。這是他的版圖，這是他偉大的入侵。

即使當我用手和暴力撫摸妳的私處時，我也只是偶爾勃起。我從未把陰莖放進妳的身體。我很少變硬。很奇特地，我與這一切分離，並未參與。小伊芙，我為什麼要告訴妳這些呢？妳會因此對我印象好一些嗎？我其實沒有做那件無法想像的事？我沒有那麼過分？

這樣說完全不真誠。我強暴了妳，伊芙。我是爹地醫師，我強暴了妳。我現在還是在強暴妳。我用誘惑的療癒強暴妳，我用粗暴的手指強暴妳。我一再一再地進入妳，越來越深，越來越深，進入妳最痛的地方。支配妳，強迫妳，就算妳不願意。但是妳是我要征服的國家、要奪取的土地，是戰利品。只要我能夠擁有，只要妳是我的，我並不在乎我在掠奪土地，以及土地上面生長的一切。最好妳變得破碎扭曲，更容易抓住、更容易控制。

妳宣稱獨立，有自己的想法，質疑我的行為和忠誠，因此羞辱了我。妳揭穿了我的面具，暴露了我自私的殘酷、沒有良心的殘忍，因此，顯露了我身為罪犯與冒牌貨的真正本質。妳威脅著要收回對我的愛。在亞瑟．恩斯勒的法庭裡，這些都是重罪。我認為新的策略可以贏回妳嗎？我真的認為到了這個時候，我還可能贏回妳嗎？還是只是在發揮我的冷酷無情，以及殘暴力量而已？如果這不是強暴，那強暴是什麼呢？把這個和性混為一談是大大的錯誤。這是憤怒發作、暴力征服，是想要佔有和摧毀的慾望。它就像熱導彈一樣，尋找受害者身體最脆弱的部分，施予最大的傷害。這是懲罰，這是統治。這是消除威脅，有意地摧毀我們身為人類的所有界線。

感覺上，這一切都必須發生，而且早已命定。從我的內在和身體深處，像泉水一般湧出來。它不僅古老，且有自己的軌跡與道路。像凶猛的蛇延展身體，像被關了很久的駿馬等不及地在大門口，即刻，全力展開行動。可恥，勝利。就像核子雲一樣，恐怖而驚人。強暴是男人將他所有被否定的、不被允許的一切，經過扭曲的折射，以最大的速度釋放出來。這是狂暴特權的模樣。這些野蠻的夜晚進行得太久了。影子人不顧一切危險，之後造成的影響隨處可見。

一開始是晚上的噩夢。妳睡覺時會忽然開始尖叫，又踢又打，說著別人聽不懂的話，驚醒全家。妳的母親去安撫妳，妳卻把她推開，大喊：「拿開你的手。放手。出去。不要碰我。」黑暗與恐怖抓住了妳。這些噩夢一直困擾著妳，它們不斷發生，而且越來越糟糕。妳幾乎沒怎麼睡。妳失去了胃口。妳母親開始擔心，妳是不是被什麼東西附身了。當然有東西附身。她想帶妳去看病，但我堅持家族裡有睡眠障礙的遺傳。我可怕的戀童癖開始逐漸露出馬腳了。

然後，可怕的傳染開始了。你的母親發現妳一大早在廁所哭泣。燃燒，妳說妳在燃燒，並握住自己兩腿之間，前後搖擺，哭泣，搖擺，哭泣。什麼都無法安撫妳。妳的情緒完全崩潰了。至少三次，妳母親帶妳去看醫生，診斷是長期尿道感染，但是沒有人能夠解釋感染如何開始。「亞瑟，我們的小女孩發生什麼事了？為什麼這些事情會一下子都發生在她身上？」我可以聞到她的懷疑。我幾乎要被逮到的時候，很明顯的，有某種力量抓住了妳，把妳帶向一個非常糟糕的方向。妳的舉止變了。妳忽然變得非常陰沉，沒有反應。妳不再自由自在、多話、好奇，而是變得沮喪、退縮。

妳像鬼魂一樣移動，很少抬起頭來，幾乎不說話。妳從來不洗頭，頭髮總是又臭又髒。妳在學校無法專注，成績非常差，每次考試都不及格。妳似乎完全無法記住或吸收任何事情，妳變得很笨，被分到最爛的一組，失去了好朋友們。其他孩子會嗅到妳的絕望，像逃避鼠疫一樣地逃避妳，並且取笑妳、欺負妳。我瞧不起妳的軟弱，但是我要如何承認，妳的墮落是我一手造成的呢？我要如何忍受，我的殘忍造成的顯著後果？我進一步地羞辱妳，讓妳覺得是妳的壞造成這一切。我的小甜餅，妳因為自主獨立和拒絕，變成了骯髒可恥的女孩。

大約在這個時候，有一天，學校要我們過去一趟。妳那時大約十歲。我們在校長室看到妳眼睛哭得紅腫，小洋裝上都是泥巴，亂成一團。放學時，兩個男孩追著妳跑，跑到廣場中央，把妳打倒在地，當著幾百個觀看的兒童面前，把妳的內褲扯掉。妳無法停止哭泣，看起來十分可悲。我氣壞了，把一切都怪在妳頭上，要妳停止哭泣。妳是怎麼激起了這一切？讓這一切發生？妳做了什麼不要臉的事，讓他們這樣對待妳？我想像妳逗弄他們就像逗弄我一樣。情況翻轉了。我從未問妳發生了什麼事。我沒有安慰妳，或站在妳這一邊。

那個晚上，我去到妳床邊。我是否想像，只要一個溫柔的動作就可以消除這一切呢？我真的相信，說幾句安慰的話，以及一些安撫的撫摸，妳就會忽然恢復原形嗎？真是荒謬的想法！我把精緻的瓷杯摔成了碎片，沒有任何甜蜜的話或魔力能夠讓它恢復原形。我一進到房間裡，就立刻感覺到一股有毒的能量。妳翻身側睡，背對著我，好像整個人黏在牆上了。影子人碰觸妳，試著把妳的身體翻過來，但妳像屍體般僵硬冰冷。於是即便是影子人也停手了，他搖晃妳，像一隻慌張的小狗，面對毫無動靜的主人。他悄聲地說：「轉過來，小伊芙。轉過身來，醒來。看著我。」但妳還是不動。沒有呼吸，沒有動作，沒有妳小小身體釋放的溫暖，就好像妳離開了自己的身體，去別處尋找另一個家庭了。好像妳離開了我，永遠不再回來。「小伊芙，醒來，轉過來。回來。我在這裡。」沒有呼吸，沒有動作，沒有聲音。妳死了嗎？還是妳像一隻負鼠，利用裝死保護著自己，不受到侵入。妳是用意志力讓自己進入假死狀態嗎？

我感到非常害怕。我毀了妳，我把妳殺了，我謀殺了我最愛的人的靈魂——這個給了我生命的人。我侵犯了她的身體、背叛了她的信任，我把最亮的蠟燭的燭芯拔出來了。我想要跪下來，大哭，乞求原諒。我開始一直搖晃妳，好像搖晃妳可以讓妳回來似的。「醒來，小伊芙，醒來。」我把妳翻過來，妳的身體卻還是保持僵硬。我越來越用力地搖晃妳。

然後，妳打開了眼睛。妳沒有眨眼，也沒有往我這邊看。妳的眼睛望向遠方，遙遠的另一個宇宙。那個保守妳最深的祕密的世界，保守妳受傷的心的世界，那個我永遠不會被邀請進入的世界。我失去妳了。靈魂的謀殺者。

影子人有許多特質，但是他沒有戀屍癖。這是最後一次，他在夜晚再也不去妳房間了。妳用意志力讓自己死去，使得他無法再從妳這裡掠奪生命。但是這並不意味著他不再憤怒，或不再想要報復。幾天之後，妳把頭髮剪了。妳激烈地把頭髮剪成亂七八糟一團。然後妳拒絕穿任何洋裝，只肯穿得像個男孩。才一個晚上，妳的個性完全改變。妳變得叛逆、頑固。面對任何問題，妳的答案都是無禮的「不」。妳不再微笑。妳堅持全家叫妳伊芙。如果有人叫妳小伊芙——我對妳的親熱小名——妳絕不回應。妳從不求助、從不表達任何需求。妳不讓任何人進入妳。

妳原本美麗的臉蛋不再美麗。妳緊緊抿著嘴，臉頰和額頭肌肉緊張，永遠滿臉怒容。妳駝著背拒絕站直，妳在餐桌上的吃相簡直噁心。妳以前發亮的褐色眼睛，現在充滿自憐自艾與哀傷，像是一條混濁的河流，頭髮剩下的部分，也失去了光澤。妳很快地變成了一個扁平、困擾、丟臉的孩子。

我為了這一切而蔑視妳——我謀殺的受害者住在我家裡，折磨著我，強迫我每天目擊她年輕生命的腐壞與崩頹。強迫我面對我可恥行為引起的後果。這簡直無法忍受。瘋狂。我的小伊芙去哪裡了？我的小甜餅？但是，我當然知道答案。她的信任、她的光芒、她的好、她的美麗，對我來講都太多了，所以我侵犯她、侵入她、打倒她、毀滅她。然後，當她變成這個苦澀的受傷動物時，我覺得噁心，我責備她。我收回我的愛。是的，我收回對妳的愛。我從未再度給妳我的愛。之後的我，活著就是要傷害妳。為了妳無法隱藏的受傷，而一再地傷害妳。因此，開始了懲罰、暴力和恐怖的統治。

我清楚記得開始的那個夜晚。妳站在書房裡，剛滿十歲。妳駝著背，穿著一件骯髒的襯衫。我一直叫妳不要再穿這件襯衫了。妳問我，可不可以在妳朋友茱蒂家過夜。妳很操控，說話甜甜的，希望這個塗了蜂蜜的請求能夠遮掩住妳的渴望。我說不可以。我立刻說不可以。我也不知道為什麼。或許因為我知道妳非常希望能去吧，也或許因為妳竟敢提出自己的主張，又或許是因為我不再喜歡妳的任何一點，我不想給妳任何獎勵。

妳皺著眉頭，臉上表情很難看。妳不喜歡我的回答。我告訴妳：「我跟妳說話的時候，要微笑。我回答妳的時候，要微笑。」妳沒有微笑，而是繼續說：「為什麼？茱蒂就住在附近。我明天不用上學。我們計劃好了。」無理傲慢的孩子。妳竟敢質疑我的威權？「不公平，爹地。為什麼？」「我告訴妳不可以，伊芙。這就夠了。我不需要解釋為什麼。」再一次地，我叫妳微笑，但妳沒有微笑，只是輕蔑地瞪著我。「我再給妳一次機會。」我的憤怒開始沸騰，我的臉像在燃燒。妳等著，盡量等得越久越好，不斷逼我跨過邊緣，然後妳的臉上冒出了最不尊敬的、最鄙視的微笑，拒絕和取笑我的命令。

影子人立刻跳起來，他的手用盡全力向妳不肯服從的臉揮過去。妳整個身體飛越房間撞上牆，像個破碎的布娃娃似的倒在地上，跌落在地毯上的灰塵與雜物裡。但妳帶著眼淚和震驚，微笑了——一種最令人不舒服的微笑。妳一直一直微笑，就好像是故障了的機械娃娃。妳不停地微笑，但妳的人已經不在那裡了。就好像小伊芙不見了，取而代之的是這個新的伊芙，一個大膽的鬼魂，佔據了她的位置。影子人和影子伊芙。戰爭於焉展開。

妳的母親說不出話來，但奇怪的是，她沒有干預。我私心想，她一直在等著這一天，渴望著這個時刻，我對妳的痴迷終於結束了，我會廢掉妳，回到她身旁。整個家庭一起呼出了一口氣。在這場充滿戲劇性的、暴力的一幕中，他們坐在前排座位，看著我公開殺死自己對小小伊芙癡迷的疼愛，以及對吞噬這一切的全心投入。

這麼多年來，家人們忍受著我的剝奪與忽視，現在非常願意加入我的聖戰軍隊。現在的敵人是伊芙了。不是他們的丈夫和父親。他們全心全意地和我站在同一陣線，每天跟我打小報告，讓我有理由每天懲罰妳，讓妳永遠受到流放。那一天，妳被流放到樂園之外。妳，曾經地位最高的妳，從屋頂被丟下，一個人在外面的泥地上過活。妳，曾經住在我融化的心的核心，如今被流放到煉獄去了。

告訴妳這些事情，我心中充滿恐怖和懊悔，第一次感覺到妳的感覺是如何震驚、無法置信，絕對的寂寞與被驅逐。我曾經讓妳覺得妳是我的一切，然後又一掌消除了一切，讓妳變得什麼都不是。妳那時才十歲，要如何面對這些呢？當我全力對付妳的時候，妳能對誰求救呢？現在妳成為一個令人鄙夷的壞人，妳如何不發瘋呢？妳成為替罪羔羊，受到汙名化，在那一刻成為背負父親罪孽的女孩。我看到妳腿縮了一下。我警告過妳，這一點也不容易。

如果有任何安慰作用的話，在我殺掉對妳的喜愛的同時，我也殺掉了自己。所有的苦澀和仇恨都轉移到了我自己身上。我變得憂鬱、長期失望。我失控地喝酒，在進入六十多歲之後，魅力盡失。我缺乏耐性、自大、無法忍受別人，這使得我們的社交圈越來越小、越來越孤立，雖然妳的母親支持我，但她面對的是一個怪物。

我明白我的行為對自己的影響與妳無關（或許妳會痛苦地記起，每一次揍妳之後，我都會說我比妳更受傷），但是我要妳知道，世間還是有正義的。如果我在這個折磨人的經驗中學到了什麼，那就是我們對別人造成的傷害，一定會十倍奉還於我們自己身上。

我深諳擊倒別人的藝術，因為我不就從小被擊倒，切斷與自己的連結，被迫進入一個偉大且不可能的人格嗎？我的父母，不就是為了追求他們神聖的國王，殺掉了我的任何脆弱、同理心、謙虛、人性與懷疑嗎？他們豈不就是用最嚴格的德國教養方法教會了我，家長的工作就是要不斷責罵、毆打孩子，以消滅孩子的所有意志與頑劣根性嗎？如果孩子持續的不服管教、對抗父母，任何這類固執的言行都要以拳腳相向嗎？

童年教養深深銘刻我心，何況還有我哥哥米爾敦對我多年的折磨，都提供了我更多工具與方法來折磨妳。我現在懂了。當時的我其實並沒有意識到這一切。事實上，我一直否認我父母和米爾敦對我的暴力和殘酷對待，才能對妳施行更深刻、更有毀滅性的暴力。除此之外還有一項連帶的重要任務——讓妳保持服從、保持安靜，妳才會永遠不說出我們之間的祕密。我成為一個自以為有正當性的施虐者。

我每天努力摧毀妳的人格，破壞妳的意志力。我在妳身上找出或虛構各種錯誤和失敗。我變得很擅長找出妳的弱點，然後出手。比如說，我知道妳很有道德感，即使很想要一個東西，也會和別人分享。妳天生有很強烈的忠誠度，從來不打弟弟妹妹的小報告，即使這樣做對妳會有好處。我從來無法逼妳攻擊別人。我知道對妳而言，當個好孩子有多麼重要。我知道，以某個角度來看，妳的生命倚賴於此。於是，我讓妳犯錯，讓妳變成壞孩子，這是為了讓妳不穩定，這樣我就可以保持控制了。而且，我繼續保持家庭的敘事權，直到最終都是如此。

我讓妳相信，妳是怎樣的一個人，就算其實並非如此。首先，最重要的是我讓妳相信妳愛說謊。但諷刺的是，妳是一個極端誠實的孩子，而是我的恐怖統治和殘暴持續威脅著妳，讓妳無法對我說實話。每次妳撒謊，都成為攻擊妳的證據和火藥。為什麼誠實對我這麼重要呢？為什麼我一直堅持呢？如今，在多年不斷的思考之後，答案很明顯了。當你的生命被謊言控制住，並在權力與口是心非的環境裡學到了種種策略，現在翻轉過來，你會讓你謊言的受害者成為說謊的人。

全心全意投入、不斷修飾故事、重複同樣的敘事，前後一致地不斷述說，最後，你和你四周的人都忘記了這原本是一個謊言。當然，也失去了追尋真相的衝動、意志或勇氣。歷史不就是這樣形成的嗎？擁有權力的人創造謊言，包裝起來，持續推動，使謊言成為永恆。

當然，光是重複說謊還不足以讓敘事固著成形，無法保證它能持久不變。這個計劃的規模更大，必須徹底改變包圍著謊言的整個環境。你必須努力破壞社群內每一個成員相信自己、相信彼此的能力（他們其實有意無意地知道真相）。妳必須有意地、逐步地、穩定地說服他們，他們都很愚蠢、缺乏可信度。我花了很多力氣和時間進行這個任務。最可怕的結果就是，我發現在我說服妳和妳母親，妳們很笨的同時，我真的使妳們變笨了。當然，這樣一來，我也更瞧不起妳們了。

可信度是無形的，同時卻也是某種獨特的東西。它充滿了無法度量的特質：有把握、自信心、平靜。如果一個人不斷被擊倒，覺得自己是毫無價值的笨蛋，就永遠無法展現自信的姿勢與態度。他們看起來很絕望，因為他們真的很絕望。從來沒有人相信他們，所以他們只好採取極端策略：情緒化、過度誇飾、誇大。他們說話更大聲、一直揮舞雙手，彷彿處於精神崩潰的邊緣。伊芙，妳開始修飾事實，加以誇大。妳跟我說：「爹地，我要開車上學。我們班上每個人都開車上學。」

我說：「伊芙，每一個人？每一個人？」妳說：「對對對，每一個人。」

我說：「好的，收集他們的名字，帶他們來見我。讓我看到每一個人。」這時，妳的臉會垮下來。結案。妳有罪。

我不斷利用這個惡性循環。當你拒絕相信這些人，他們會變得極端，以證明自己的觀點。然後他們的誇大消滅了他們的可信度，一陣子之後，他們也開始懷疑自己了。身邊每個目擊了這個歷程的人，也開始懷疑他們了。整個家庭開始取笑妳，伊芙。妳對一切事物都基於很少的事實，或完全不存在的事實，作出巨大的聲明，很多幾乎完全是妳想像出來的誇張敘事。說這些荒唐言語時，妳的情緒也很極端。我的計劃自動發酵，妳變得無法取信於人，沒有人相信妳。

我現在可以看出，這樣做剝奪了妳自己的嚴謹與智慧。我知道妳一直都有令人苦惱、耗弱的信念，當妳面對別人時，總覺得自己很愚笨，因為別人不需要過度誇飾才能被看見或被相信。至於妳的母親，我的任務更為困難。我必須讓她看起來笨，卻又不太笨，否則她對我威權的服從，就會缺乏可信度了。

我對她的智力的攻擊更為細緻，也比較不那麼經常發生，我必須小心謹慎地控制，才足夠削弱她以保證我的完全強勢和她的完全服從，但又不至那麼極端，不會看起來好像她的選擇不是出自她自己的意志。

我知道妳在想，這些都是我有意的操控嗎？我是否策略性地操控並設計了這個邪惡的計劃？答案並不清楚。我現在不會說謊，伊芙。我變得瞧不起妳。妳拿走了我的生命、打開我的心，讓我依賴新鮮的血，然後妳切斷了我的動脈，讓我失去一切。我是一個有特權，但是耽溺的人。當時，我知道我做的事情很邪惡嗎？我有內在的道德感告訴自己，我錯得離譜嗎？或許吧，但是即使在我進行最糟糕、最憤怒、最暴力的攻擊的時候，我看著妳流血的臉、腿上的傷痕，或眼中的恐懼，就算我曾經暫時退縮了一下下，我的行為的合理性也總是比我的罪惡感或自我懷疑來得更強。

我可以告訴妳，我很焦慮、很憤怒、很憂鬱。這就是為什麼我喝那麼多酒。當時，我認為這是因為存在的絕望，以及領導一個公司的壓力，但是當我在地獄邊緣不斷旋轉時，我發現，或許在我身體裡的某個深處，我其實被自己的行為嚇到了，就像我被我父親和哥哥嚇到一樣。一生擁有特權的人會有多少自我覺察呢？如果你一出生就進入了一個人人為你服務的模式，有什麼能夠讓你往外察看呢？

妳可能會說，其他受同樣教化與養成的人卻能找到動機反抗，因為內在指南針告訴他們，他們正在朝著錯誤的方向行進，於是他們改變方向。但事實上，我從未遇過這種人。在我看來，通常是人們遭遇某種匱乏或災難，受到刺激，才會改變——是某些事情，或一連串的事故，強迫他們進入危機，繼而崩潰。我認識的人之中，沒有人會在別人面前公開質疑自己。他永遠不會承認失敗或自我懷疑。我告訴過妳，我天生賦權的感覺非常深刻強烈，無法穿透。我非常誇張地覺得自己很重要，驅逐了所有外來的資訊。我從來沒想過，任何我想做的事情可能會是錯的。

因為我的童年充滿了得意，而不是舒適，我的自戀比我關懷別人的能力更強。

我到底是冷血怪物，還是因為心碎而想報復的人呢？這有差別嗎？有關係嗎？當然不，無論是怎樣的狀況，我的殘酷都引起了妳的痛苦。我有意識到影子人嗎？我不是目擊了他的殘酷嗎？我難道不能阻止他嗎？我是社會變態嗎？這些說法，都過於簡化了。

不。我沒有發瘋。我是一個擁有特權與力量的男人。我活得超越了世界、超越了批評、超越了譴責與羞辱。我生下來就是要控制，就是要不計一切代價地獲勝。妳是我的孩子。妳是我的財產。妳將履行我要妳做的事情。當妳不服從我，我就有責任執行紀律與懲罰，把妳改正過來。這也是我成長時受到的教育。我對妳做的，就是我父母對我做的。我做的一切都是他們教我的。但是還有另一個、更邪惡多了的真相。就是妳五歲的時候，影子人帶著我到達了罪惡的邊緣，現在，他正拖著我去地獄。當然，我的教養讓我選擇某些特定的懲罰工具，但是事實遠比這個更為恐怖，幾乎令人無法承認。然而就在此刻，很奇怪地，我一直想著英國詩人艾略特（T. S. Eliot）的一首詩。這首詩是關於貓的，我曾經常常唸給妳聽。現在我的腦子裡充滿了這首詩，其他一切思緒都不見了。

幫貓取名字是很困難的事，
這不只是你的一個假期遊戲而已，
你可能一開始會認為我瘋了，
當我告訴你，一隻貓必須有**三個不同的名字**。

這首詩可能看似不恰當，並且離題，但其實不是。妳十六歲時有一隻貓。妳非常愛牠。牠的個性有一點怪，但是牠讓妳很快樂。我以前對動物沒有什麼感覺，但是因為妳實在是太愛牠了，非常地欣賞牠，於是我也開始看到了這隻灰白條紋虎斑貓的奇妙和怪脾氣。牠的名字很奇怪。我記得是「反手」（Backhand）。在我們的戰爭中，這隻詭異的貓讓我得以用一種令人驚異並喜愛的方式表達自我。晚上，反手發情了，我們聽著牠痛苦的呻吟，響徹整座森林。我們會既尷尬又開心地，跟著嚎叫。我平常從不踏入廚房，但是當妳不在的時候，我會溜進廚房，餵牠吃很鹹的沙丁魚。我會對牠耳語，牠會磨蹭我，一間一間房間地跟著我走。我無法掩藏這件事讓我多麼開心。有時候，妳回家發現貓咪蜷起身子，在我腿上呼嚕呼嚕，會覺得非常震驚。

每個人都很高興我如此愛這隻貓。他們從未見過我愛玩或溫柔的樣子，除了妳之外。我知道妳如此熱愛這隻毛茸茸的小傢伙。我知道我珍惜牠，對妳有多大的意義。我們將我們之間的溫柔寄託在反手身上。牠代表了我們之間曾經擁有，但是不再能夠表達的一切。這個柔軟顫動的小生命，體現了我們的失落和渴望。

然後發生了令人無法想像的事情。那天下午，妳和朋友出去玩。我在屋裡聽到輪胎摩擦的尖銳聲音，屋子外面一陣混亂。妳母親和我一起衝出屋子，看到恐怖的一幕：反手看似沒有生命的身體躺在路中間。我簡直無法承受。我跑過去，完全沒有思考地把牠抱起來。牠身上都是血，身體破碎了，卻看起來似乎還有呼吸。這時候，妳回來了。妳跳出車子，跑過來看是怎麼一回事。當妳看到掛在我手臂上的反手，一動也不動，妳尖叫了起來。令人無法忍受的尖叫，刺穿了我原本無法穿越的防衛之牆。我發現自己在哭。眼淚流下我的臉頰。為了我懷中被摧毀的脆弱生命而感到哀傷的眼淚。我讓妳經歷各種失望的眼淚、失落與悔恨的眼淚，因為我的不小心，我沒有保護妳，反而催毀了妳。

妳是我唯一的、美妙的禮物。我的眼淚配合著妳的痛苦哀悼。妳的安慰再次被剝奪了。為這隻貓流的淚，妳的夥伴、妳溫暖的朋友，碎了，壓扁了，瀕臨死亡。

妳看到我無法隱藏的淚水。妳因此哭得更厲害了。但是妳並不孤單，我和妳一起流淚。我感覺到妳的痛苦，妳的痛苦就是我的痛苦。或許，這是第一次，也是唯一的一次，我受苦的心裡，有一扇窗戶打開了。妳發現自己在那裡，伊芙。雖然這扇窗戶之後再也沒有打開過了，但這是無法否認的另一個故事的證據。我知道妳會一輩子記得。

最終，反手並沒有死。她的膀胱受傷，但是她後來又學會尿尿了。她的下巴碎了，用鋼線接成了新的形狀。她可愛大方的臉蛋扭曲變形。她的微笑變成了愁眉苦臉的樣子。就像我的伊芙，暴力在她全身留下了痕跡。正如我激烈、無法制止的女兒，她有九條生命。她的生存意志超越了對美麗的依賴。為什麼在這個回憶與告解的懲罰時刻，我會想起這件事情呢？一定看起來很奇怪，離題了。

這封信一點也不容易寫。每一個告解都需要嚴格而精準，每一個告解都揭發了更繁複沉重的動機。每一個告解都強迫我用我軟弱、缺乏鍛鍊的道德肌肉，檢驗自己。每一個告解也都把我拉扯到了超過我的腦力。我的人生完全缺乏自我覺察。我毫無動機或興趣去檢查我的理由或行為。所有的事情當中，我覺得最羞恥的就是我的傲慢、優越感和驕傲。但是這些已經成為我的本性了，沒有這些特質，我根本不知道如何存在。

沒有這些，我要如何當一個男人？上帝啊，我都已經死了，還在擔心自己算不算得上是一個男人！即便在地獄邊緣，沒有別人在場，我也覺得必須證明自己。或許是對上帝證明自己吧。讓上帝看到，我不會被打敗，面對永恆的折磨，我的自負不會投降。

妳要我質疑身為男人的本質，甚至要我練習承認被擊敗。然而，諷刺的是，我已經被擊敗了。表面上看，腦子是一個籠子，實際上，腦子是一個誘人的迷宮。可笑的是，我相信如果放棄自己的特權，我就會瓦解崩毀，雖然我已經不存在了。

在我成長的時代，男人必須控制並隱藏自己的情緒。他們因為堅定不移、知道要做什麼而受人尊敬。他們從不道歉。他們從不提出問題。他們從不解釋。他們從不揭露自己手上的牌。他們不說話。他們的沉默證明了他們的力量和大丈夫氣概。大家期待他們掌握世界，堅毅而有把握地領導大家。男人的存在就是要維持他的位置。

聽起來可能很奇怪，即使死亡了，沒有肉體，沒有明顯的自我，還是有一部分的我，寧可面對地獄邊緣的永恆折磨，也不願意放棄這個認同。

還有什麼框架可以解釋我的存在呢？還有什麼劃分，能夠給我價值或意義呢？

事情越來越明顯了，寫這封信給妳時，我發現這個認同的結構對妳和其他人，都造成極大的傷害。為什麼我還在折磨人的旋轉中不得脫身呢？這絕對是原因。我現在知道了，男子漢大丈夫的概念值得存疑，因為暴力總是需要有男子漢大丈夫的氣概。在我看來，似乎任何本質上需要摧毀別人的結構，都既不正義，也無法長久。但是，即使我能在理性分析上了解，放棄卻是另一回事了。這就像要求一個人刪除自我一樣。父權的藍圖已經植入了基本心理結構中：自我、超我、本我、男人。

或許，唯一的解決方法就是妳要求我做的事：探究傷害的本質，盡我的力量打開我自己，看到我的行為如何影響了妳。我必須相信，這個煉金術會讓我變得越來越誠實，以便讓妳自由。所以，我一直在逃避最後的告解。把這一切寫成文字發表，感覺非常危險，因為一旦發表就無法收回了。這個窘境像是惡魔似的，一直啃噬著我、追著我，讓我無法休息。在妳青春期的時候，我是否想要殺掉妳呢？我有意地想殺掉妳嗎？我所知道的是，我在不止一次的事件中，可以取走妳的性命。第一次令人害怕的事件之後，我並未停止。每一次新的爭執之後，我都更不穩定。我知道酒精是影子人的燃料，但是我沒有停止喝酒。我為妳的安全感到恐懼，但這從來都無法阻止一切。事實上，每一次我都怪妳激怒了我，認為妳要為我的行為負責任。

呼吸，亞瑟，呼吸。願上帝帶我去地獄！

伊芙，我希望妳死掉。有幾次，我試著謀殺妳。我必須殺死被我毀掉的妳，我必須毀滅證據。妳的直覺非常強，感覺到了殺戮的脈動，為了保持神智健全，妳必須否認。如果妳知道自己的父親，無論有意或無意，正打算殺掉妳，妳要怎麼過日子呢？這個否認創造了一個模式，之後，妳會一再地、盲目地被最暴力、最會傷害人的男人吸引。妳的一生都將一次又一次地讓自己陷入嚴重的危險境遇，因為妳無法看出危險，因為太熟悉了。妳找出會傷害人的男人或情況，期待自己有一天夠強壯了，可以征服他們。最可怕的是，最後，妳的性快感竟然和這種危險連在了一起。

我使妳成為受虐者了。

我相信，妳在青春期試圖自殺的傾向，其實可能來自於妳想要乾脆死掉，不再與持續的恐懼和憂慮共處。有些事件，我一直忘不掉。我會分享每一個事件的細節，希望這趟艱鉅的回憶能夠肯定妳記憶的內容。訴說這些，揭示了我暴行和殘酷的深度。分享這些，揭露我無止盡恐怖與虐待的計劃。這是我的責任，伊芙。我就是這麼邪惡。我是最怯懦的膽小鬼。我打一個只有我一半大的小孩。我攻擊一個小女孩。我用我的手、用我的拳頭，還把腰帶當成鞭子。我毫不留情的審訊妳，我用各種難聽的字眼罵妳，侮辱妳整個身心的每一條纖維。我的目的就是要羞辱和摧毀。我的策略沒有極限。然後我進一步否定妳，讓妳心靈錯亂。我威脅妳不准妳尖叫、求情或哭泣。我不讓妳的苦惱、恐懼或痛苦有任何出口。妳的痛苦只能埋在妳裡面爛掉。這讓我感到滿意。我在妳體內留下了印記。我鑽進妳的內在，留下我的毒液。

可怕的事件一再重演，延續十五年，不斷無情懲罰的循環。事件、物件、碎片像早期電影那樣快速的飛過去，從一個景象到下一個景象。

⊙

披薩店。沒有品味的地方。家庭晚餐。沒有馬丁尼。不高興。妳在位子上動來動去，伸手拿東西。坐直，伊芙。坐著不要動。我說了些話。妳立刻不同意。愚蠢，女孩。「不，我不愚蠢。我是對的。」轟。

拳頭落在妳愚蠢的臉中央。妳的鼻子流血了。紅白格子的桌布上出現紅色污漬。妳僵住了，輕蔑地瞪著，血流下妳的臉。家人都嚇到了。

「克里絲，把她弄出這裡。幫她弄乾淨。」妳母親試著快速帶妳離開餐廳。妳停住腳步。對著整個房間裡的人展示妳的臉。讓我丟臉，讓家庭蒙羞。

在外面，我用力抓住妳的手臂，把妳拖過停車場，丟進車裡。妳在後座哭泣。「閉嘴，伊芙。閉上妳骯髒愚蠢的白癡嘴巴。」

⊙

睡得正深，被搖醒。妳母親不安地警醒著。起來，亞瑟。伊芙在床上抽菸。我衝進妳的房間。

妳只穿著一點點衣物，拿著香菸，在房間窗戶外面的屋頂上。妓女。婊子。我抓住妳，粗魯地把妳抓進窗戶。打妳。摔妳。把妳拖下樓。

把妳丟到外面。在黑暗中，在冷風中，穿著妳的內衣。現在妳會像妓女一樣，住在前院，全世界都會看到妳。摔上門，鎖好。把妳留在那裡。

⊙

過來這裡，伊芙。現在就過來這裡。站在那邊。背對牆。我跟妳講話的時候，看著我。看著我。星期四晚上妳去哪裡了？妳太小聲了，我聽不到。伊芙，說大聲點。妳去哪裡了？妳跟誰在一起？伊芙，妳跟誰在一起？妳不是告訴我，妳放學留在學校裡嗎？可是妳沒有。妳對我說謊嗎？妳說謊了嗎？說謊。妳怎麼敢對我說謊？骯髒的說謊騙子。手打在妳低垂的頭上。手把妳的頭打到新的木頭牆上。碰。頭的撞擊聲。水泥球。要把它打成碎片，看著所有的愚蠢謊言蹦出來。碰碰。打妳的頭。

「克里絲，克里絲。這孩子爛到骨子裡了。去，去，去廚房拿一把刀來。」妳母親沒有移動。去拿一把天殺的刀子來。妳母親離開房間。她沒有回來。

⊙

手掐著妳的喉嚨，讓妳無法呼吸。我停不下來。掐著。掐著。妳無法呼吸。妳的臉變紅了。窒息。妳母親尖叫：「停。停。她不能呼吸了。」繼續掐。妳的臉變成藍色了。

我的心裡不想停。我內在的一部分想要掐死妳。窒息，窒息。妳不再呼吸。妳母親把我拉走。

⊙

我逮到妳對著電話悄聲說話。妳不可以使用電話。「掛上電話，伊芙。馬上過來。」

「克里絲，去拿我的皮帶。拿我的皮帶。」她猶豫著。「立刻去拿！」

我把皮帶繞在手上。伊芙，趴在床上。現在就趴在床上。抽打妳的腿。我可以看到傷痕已經形成了。

妳不可以回學校去。妳不可以當啦啦隊員。我們要送妳去感化學校。從現在開始，妳只能跟狗一起睡在地下室。我把妳拖下樓梯，推妳進地下室。早晨，妳已經不見了。妳好幾星期都沒回來。我不准妳母親打電話找妳。我們沒有給學校打電話。我們從未到處詢問。

有一天，妳忽然出現了。我已經叫全家假裝妳死了。不准任何人跟妳打招呼，跟妳說話，否則他們會被懲罰。妳簡直要瘋了。妳再度離開家。

⊙

我想像著妳從五歲以來，小小的身體和生命，就必須不斷抗拒恐懼的海嘯。我感到震驚暈眩。每一天，這個艱鉅的努力消耗著妳的精力，拉扯著妳的肌肉，摧毀妳神經系統裡的脆弱纖維。妳永遠面對著暴力死亡的威脅。每一次的謀殺事件都越來越嚴重，越來越殘忍。

我想，妳應該整天只能想著這些吧：我何時會出手？妳要如何保護自己？妳會死掉嗎？妳總是活在焦慮與恐懼之中，最終，這些情緒成為妳人格中的神經成分了。（我相信這是為什麼，妳後來會酗酒嗑藥，試圖安撫自己）高壓讓妳無法思考或讀書或遊戲或夢想或學習或專注或記得任何事情。妳無法放鬆。

妳無法好好睡覺。

還有持續的、更有系統的恐怖懲罰。我需要找出方法，一直讓妳保持緊張。這些懲罰很古怪、很有創意，包括苛刻的批評、侮辱、殘忍、痛苦。其中一項最為特別。我稱之為桌球拍時間。我讓祕書安內特每週在我的辦公室記事本上列出紀錄。在亞瑟．恩斯勒的桌上，列出妳做的每一件壞事、每一個謊言、每一次犯錯。我從各處收集情報，家裡也有我的眼線。每週，我把妳叫進我的臥房，要妳大聲唸出這張單子。然後我要妳數一數有多少條罪狀。有時候是六條，有時候十條，但從來不會少於四條。我問妳有沒有什麼話可說。妳小聲說：「對不起。」「伊芙，我聽不到。不要嘟噥。」然後妳太大聲地說：「對不起。」我再問妳一次。妳終於誠懇地、服從地、有禮貌地說：「爹地，對不起。」我說：「比較好了。」「現在，去拿桌球拍。」妳知道桌球拍放在哪裡，妳也知道桌球拍是做什麼用的。為了單子上的每一條犯錯，妳都會被狠狠地打一下。

我叫妳脫下長褲和內褲。妳有些猶豫地脫。「快點。我沒有一整天的時間。」我叫妳趴在床上。妳知道怎麼回事。妳趴在那裡，妳光溜溜的稚嫩臀部脆弱地曝露在我的床上。妳十六歲，已經是女人了。我看到妳手緊緊抓著床單。桌球拍上有凹凸刻紋的綠色橡膠，我用力打下去的時候，會留下印記。這是我的目標。懲罰像是刺青似的留在妳身上，妳才不會忘記。第一下打下去，妳還很勇敢。兩下之後，妳會用手保護自己。我叫妳把手拿開。妳開始哭。「拜託，爹地，停下來。我不是故意的。拜託，好痛。我下次會做得更好。」「手拿開。不准哭。」我打。我打。我打。我一直打完。打完之後，妳站起來，穿上內褲和長褲。妳全身發抖。妳在哭。我可以看到，妳連走路都有困難。妳一瘸一瘸地走出去。週復一週。這是我們的儀式。妳脫下內褲，趴在床上。我舉起球拍。

然後，有一天，妳態度改變了。妳來了，很有能量地拿著單子唸。妳毫不停頓，幾乎過於誠懇地說：「爹地，對不起。」妳直接去拿了球拍。妳充滿自信地脫掉長褲和內褲。妳沒有抓著床單。妳沒有尖叫或求情或哭泣。我打了妳七次。打完之後，妳站起來。妳穿上內褲和長褲。妳看著我的眼睛，給我一個最大的微笑。「謝謝爹地。感覺真好。我喜歡。期待下一次。」然後妳蹦蹦跳跳地離開。妳贏了，伊芙。桌球拍時間立刻結束了，再也沒有了。妳贏得這場戰役，但是代價是什麼呢？妳變成了誰？變成了什麼？我的惡毒創造了什麼新的生命？

妳的憤怒、傷害和痛苦去了哪裡？妳似乎把它們埋藏在這個新的、堅硬麻木的人格裡。這個人格不像影子人。影子人會報復，對世界發怒。這個人格只會轉向妳自己。妳曾經是非常容易侵入、很有感覺的生物，自此不再能夠碰觸，不再能夠找到了。我無法接觸妳，就像窗戶關起來了。其實，在影子人發現妳看似死亡的那個晚上就開始了，現在，它吞噬了妳的人格。

妳其實很容易變成一個非常危險的人。或許因為妳心量很大，或許只是因為妳是一個無力的女孩，妳開始有意無意地摧毀自己。我不再需要舉起手來，不再需要提高音量，妳對自己更加暴力，比我最糟糕的想像都來得更暴力。我只能帶著最深的絕望說，經由我的殘暴，我把一個天使般的柔弱小女孩變成了有瘋狂自殺傾向的少女。我懷著恐懼、噁心和後悔，看著妳胡鬧，持續了好幾年。妳不斷地抽菸喝酒。妳在學校大部份的時間要不是嗑藥嗑到茫，就是太興奮。我相信妳也開始偷竊。妳和窮凶惡極的人、毒品上癮的人、毒犯和罪犯一起混。妳和這些壞人發生性行為。這些人往往是妳年紀的三倍大。妳隨時可能懷孕。

妳成為瘋狂嬉皮。妳開始不穿內衣、不刮腋毛，看起來一塌糊塗。妳做的每一件事情都讓我覺得丟臉。我知道我的暴力已經無法阻止妳了。即使我禁止妳出門，妳還是會不聽話地半夜溜出去。妳像個瘋子似地開車，好像希望自己撞車、被抓、被逮捕、被消滅。妳的成績和在校表現糟透了，絕對上不了大學，沒有任何未來可言。妳不再好好吃飯，瘦得可怕。妳總是很激動，兩條腿從來無法靜止。妳超級沒有耐性，看什麼都不順眼。沒有任何事情可以把妳拉回來了。

十八歲時，妳處在一個往下沉淪的循環裡，朝著不可逆的悲劇或可能的死亡前進。我把這一切歸咎於妳太壞了，以及冥頑不靈。我更加責備妳、羞辱妳、傷害妳。我從未試圖阻止妳的沉淪。

在胸中啃噬著我的燃燒感是什麼？喔，伊芙，噢，伊芙，是妳的心在我體內嗎？我正在感覺妳的感覺嗎？太多了。噢，焦慮，噢，寂寞，噢，絕望。絕望。

生命不再可能的陷落感、對自己的仇恨，對我、對妳母親以及對整個家庭，對這個生妳下來的、沒有心肝的世界，令人窒息的憤怒。令人癱瘓的恐懼。沒有地方可以逃遁，沒有人瞭解。無望的密閉牢籠逐步逼近。**讓我出去**。**讓我出去。出去。離開這裡**。妳如何呼吸，伊芙？妳如何存活下來？

發生什麼事了？地獄邊緣沒有生氣的空無忽然變暗了，越來越暗。夜晚到來。其實不是夜晚——更像是廢墟深淵。我一定是下地獄了。惡魔般的黑暗傷口。羞恥的痙攣刺穿了我。我死了一千次，卻沒有一次讓我死透。電擊復電擊，持續燃燒著殘殺與謊言。每一次的死亡都將我連結到一連串的死亡——我的死亡，卻也不是我自己的死亡。殘酷的臉露出來了。噢，我的上帝，這是我的家族傳承，這是我成長的有毒土壤。我的父親在這裡，他的父親和父親的父親，通通都在這裡。這些在世上惹起腥風血雨的無情父親們。

一連串的將軍、征服者、總裁、騙子、暴君、小偷，各種惡霸和愚人。他們死了，在這裡一再的死亡，直到永恆。這些是我的父親們。這些男人。最高召喚的同盟者。服從超越了邏輯、道德或理性。他們呼喚我來這裡。叫我切斷和妳的可笑聯繫，重新取得我應有的男性位置。多麼荒唐。像是機器，一再地受到電擊，直到永恆，只為了證明我的力量和價值。

我問妳，伊芙，還有什麼別的辦法呢？被男人之國驅逐的男人要怎麼辦？或許妳無法理解男人之間的忠誠。男人的同盟給了我們人生目標、意義與地位。被驅逐之後，我要在哪片土地上行走呢？亞當曾經不服從，而我們都知道結果如何。

我可以停在這裡。我的告解已經改善了我的業力。這個黑暗地獄已經比之前的地獄邊緣更容易忍受了。至少，這裡有一直存在的痛苦，以及不斷重複的死亡。不像地獄邊緣，我在這個充滿父親們的黑暗中，不再孤單。

我很確定，伊芙，這就是我應得的報應。

但是我在讓這個練習模糊起來。妳召喚我來，要我道歉。我答應妳，盡力做出完整徹底的回憶。我沒有說，一旦處於比較能夠忍受的情境，我就會停下來。我在做的，是我生前一向做的——討價還價、操控、把我自己的利益放在一切之上。習慣很難消失。

道歉的任務比我想像的更嚴厲、更責難。我越接近事實，事實就離我越遠。每一次承認，都帶來更深的回憶。每一次回憶，裡面都埋藏著更多的回憶。幾乎像個潘朵拉的盒子，只不過，回憶起的錯誤已經散播到世界上了。它們像邪惡有毒的雲朵，懸掛在集體意識裡。越來越明顯的是，那些看不見、沒有被述說、沒有人負起責任的故事，才擁有最大的力量。

每一個告解都在挑戰遠在我出生之前就已經決定了的血脈。道歉的人是最糟糕的背叛者。有多少男人、多少父親曾經承認他們的失敗或錯誤？承認與道歉等於是背叛了基本精神。它會對四方射出罪惡的尖刺。如果我們之中，有一個人錯了，整個結構和故事就會崩塌。我們的沉默就是我們的連結。不說、不承認的力量是我們擁有的，最古老、最有力的武器。在我們受訓的基本操作中，還有其他技巧，而在某些方面，這些技巧比任何身體傷害更為有效、長久。

我用這些技巧來讓妳懷疑妳的經驗、妳的觀點和妳的價值。多少次了，在最殘酷的侵犯時，我說服妳，那不算太糟，妳的反應是否太誇張、太極端了？有多少次，我堅稱妳體驗到的痛根本不是痛？有多少次，我為自己的行為責備妳？或是在我把妳打到撞牆時，告訴妳，我太愛妳了？這一切都是為了妳好，我用了多少種不同方法來讓妳感到困惑，讓妳無法承受？我建構了妳的多少罪責，有多少目擊者和同盟者站在我這邊？

我每天裝神弄鬼。直到苦澀的最後，我留給妳這些揮不掉的自我懷疑，讓妳晚上驚醒，無法呼吸。一切都是妳的想像嗎？真的像妳記得的那麼可怕嗎？為什麼別人看起來不受影響？他們為什麼沒有說些什麼？妳有什麼毛病嗎？為什麼不往前走就好了呢？為什麼要引人注目？為什麼要大張旗鼓地述說？事情就是這樣。為什麼要惹事？他是妳的父親。他已經盡力了。這就是妳的家庭。妳總是這麼難搞。妳為什麼不能融入？總是要這麼誇張。這麼特殊。妳五歲時，他把成人的手指伸進妳的身體，那又怎麼樣？他要妳母親從廚房拿一把刀來，好讓他刺殺妳，那又怎麼樣？他讓妳流血、窒息，那又怎麼樣？他把妳丟下樓梯，那又怎麼樣？妳活下來了。世上還有更糟糕的事情。放下，往前走吧。

我知道，因為我也被這些問題和自我懷疑吞噬了。我將它們遺留給妳。這些不確定性使我一直想要得更多，以期跟上父親們的腳步。

在很小的年紀，妳就脫離了我們，不肯一起行動。即便妳如此破碎、困惑、懷疑，妳還是質疑、反抗。我現在看到了，當妳反抗時，我不但感到憤怒。不，我還感到敬畏、震驚。才十歲的小女孩，怎麼敢挑戰既有規則？妳只是個孩子，怎麼可以獨自站在圈子外？妳的體內有著怎麼樣的精神，怎麼樣的剛毅、勇猛？但是，在我有限的情緒詞彙中，「敬佩」不是我所能忍受的。很快地，敬佩變成了怨恨和嫉妒。是的，伊芙，我嫉妒妳。我嫉妒妳的大膽。我無法忍受叛逆的力量，妳顯得如此獨立而優越。這映照了我自己站在權力這一邊時，感到的各種自我背叛。這讓我顯得軟弱，使我的自動默許與投降如此無法挽救、如此明顯。

更令我感到羞辱的是妳竟敢公開反駁妳的父親。妳像是和我平等一般地堅持自己。妳厚顏無畏地挑戰我的優越。妳這個不知感恩的臭傢伙，竟敢認為妳可能比我更懂。妳削弱了我在自己王國，也就是我的家庭裡的威權。妳對不起我，伊芙。我不會原諒妳的。

無法消滅的憤怒之火被點燃了，直到我死的那一天，甚至是之後，它們都一直驅策著我，佔有著我。

驕傲與偉大激起了憤怒。對我自己背叛良知的憤怒。對家庭生活無止盡的無聊、對永遠不夠好的討厭孩子、對變成公司白癡總裁和企業機器的憤怒。壓抑著令人作嘔的罪惡感所激起的憤怒。在妳五歲的時候，我猥褻了妳，我感到罪惡，而且非常害怕被人發現。

我對世上所有可悲的人們感到憤怒。他們浪費了我的時間，他們只是活著，只是白白佔據了空間而已。

憤怒撕碎了建築和夢想和人格，盲目地、刻意地摧毀遇到的一切。憤怒忽視了我的智慧與智力。憤怒糟蹋了我的魅力。我不再是一個男人，我是一場風暴。

「所有的國度都會說，為什麼上帝對這片土地這麼做？這個巨大憤怒有何意義？大家會說，因為他們忘記了自己和父親上帝的契約，上帝帶他們出埃及時所定的契約。他們竟然服伺其他神祉，崇拜祂們。他們以前不認識這些神祉。這些神祉根本不是他們的一部分。上帝對這片土地的憤怒被點燃了，帶給他們這本經書中所寫的所有詛咒。上帝憤怒地把他們趕出這片土地。上帝懷著巨大的憤慨，把他們流放異鄉，直到今日亦是如此。」

我詛咒妳，伊芙，把妳逐出我的土地。我破壞妳、忽視妳。我蔑視妳的野心，消除妳的種種可能性。妳做任何事情，任何事情都無法贏回我。

妳母親的懇求無法碰觸到我的心。無論妳跌得多遠，多麼幾近毀滅或貧窮或死亡。無論妳多麼渴望我肯定妳、支持妳。在任何方面，我都當妳不存在。我至今無法瞭解，妳在三流女子大學唸了一年之後，竟然能夠在學業上翻轉自己，轉學到了一間聲譽很好的大學。或許是因為妳終於脫離我了，或許是妳渴望證明我錯了。

放假時，妳回到家，妳充滿了新的活力與熱情。晚餐時，妳宣布自己要成為藝術家、作家。我強烈推薦科學或數學，但妳不要。妳要學哲學和文學。

妳的自大和確定惹我生氣。（我現在看出來了，再一次地，我嫉妒妳。）妳才十九歲，妳是誰啊？竟敢認為妳知道自己要什麼？知道妳需要學什麼？我問妳，妳要怎麼靠著寫「詩」養活自己。妳說妳會想辦法。我說妳應該選修一些課，準備當律師或會計師。妳說妳不要。我說如果我付學費，妳就得修課，準備一個務實的人生。「不，我不要修那些課。我現在成績都是A了。我會拿到獎學金。你可以留著你的錢。」

轟！我扯出妳坐的椅子，砸到妳頭上。我非常驚訝地看到，妳對我衝過來，用力推我，我幾乎跌倒了。妳舉起拳頭。「你不需要支持我的學費或我的夢想，但是你敢再碰我一下，我會永遠離開這個房子。我向你保證。」我的上帝，妳願意為此犧牲？妳敢舉起拳頭打我？我驚嚇不已，印象深刻。妳變成了有力的對手。當時我就知道，我必須發展出更有效、更無情的策略，讓妳的幻想失效，我必須把妳擊倒。戰爭開始了。

全美最好的戲劇研究所接受了妳的申請，全班只收了六個人。妳難得回家，分享妳的興奮，希望得到我的支持。妳陳述了自己的狀況。幾個月後，妳就會大學畢業了。妳很清楚妳要從事戲劇。這個研究所課程會提供最好的訓練，以及畢業後的人脈。妳得到入學許可是一件大事。再一次地，過度渲染：「爹地，這是一切了！」回頭看看，伊芙，或許真的是一切。

「好幾年前我就告訴過妳，如果妳選擇這條路，妳就要靠自己。」「可是如果你有錢，我就無法得到獎學金。」「那是妳的問題，伊芙。妳自己的選擇。妳要靠自己解決問題。」我當場打敗了妳愚蠢的夢想。至少我是那麼希望和那麼想的。在妳的大學畢業典禮上，不知為何，妳成為畢業生代表致辭。我們坐在幾千人之中，我聽到後面的人耳語。「聽說一位激進的女性主義者會演講。」我忽然明白，他們說的是妳，我的女兒。在那時候，妳忽然像是一位陌生人。我不再認識妳。妳離開我，去上學。妳有了成就，有了自己的人生。我很想為妳感到驕傲，但是我無法忍受，妳竟敢與我分開。妳是誰啊？竟敢離開，創造自己的路，決定妳自己的存在？妳是誰啊？竟敢認為妳的話語和意見夠重要，足以讓這些人聽妳說話？更糟糕的是，如果他們聽妳說話，其他人不是也會聽妳說話嗎？我坐著聽了妳的演講，老實說，我一個字也沒聽進去。妳二十二歲，站在幾千人面前，充滿魅力和力量。觀眾聽得興高采烈，大家都站起來為妳鼓掌。我非常反感。我必須承認，我很生氣，沒有心理準備，因為我才是那個應該站在舞台中央的人。我是那個應該得到大家敬仰的權威。

妳演講完了之後，發生了一些事，讓我無法忘懷。我在地獄邊緣不斷地重新回憶了幾百萬遍。妳演講之後，我感到很焦慮、苦惱，於是走到外面抽一根菸。五月，一個悶熱的日子。空氣很悶。剛剛好同一個時間，妳也走出來了。我點燃了妳的菸，也點燃了我的菸。妳的手在顫抖。我們沉默地站在那裡。只有我們兩個。畢業典禮還在進行之中。好像整個世界聯合起來，和我們一起，處於這個懸宕著的時刻。完美的一刻，我可以趁機讚美妳、肯定妳驚人的成就。我知道，我真的知道，在許多方面，妳是為了我才這麼努力的。妳希望獲得我的肯定和贊同，希望讓我看到妳夠好，妳其實不懶惰，也不笨。如果我可以重新拿回那個當下，我會。我知道我的行為深具毀滅性。

我站在那裡，沒有情緒，冷淡，看著別處，完全不在意，沉默。好像沒有任何事情發生。好像我根本錯過了一切。

當時，我就可以感覺到妳，伊芙。說我沒有感覺會是個謊言。我知道妳需要我做什麼，我當時就知道。在那個光榮的時刻，以及往後多年，我的行為都將對妳造成影響。這將是一個轉捩點。妳將終於能夠接受自己，主導妳的未來。

只需要我謙卑地願意肯定和讚美妳。
但是我做不到。我不能給妳這個。我不要幫助妳走上自己的道路。我需要繼續抓住妳。我需要控制、懲罰。所以我完全不說任何話。

完全不說，一個字也不說。沉默如此蹣跚。我已經拒絕付妳的研究所學費，切斷了妳未來的一條重要命脈。現在，我忽視妳的演講，不肯讚美妳。這結局非常邪惡。我們站在那裡，懲罰般的沉默逐漸深陷，我慢慢伸手進口袋。我交給妳一個信封，裡面是一張支票。一千元。我交給妳，跟妳握手，好像妳是公司的客戶，這是完成交易的最後一步。我空無地看著妳的眼睛，沒有任何一絲情感或在乎，我說：「祝妳有個美好的人生，伊芙。」故事結束。我完成了我的責任。妳想要在舞台上成名。嗯，現在妳只能靠自己了。這是對妳未來的重重一擊。妳的膝蓋癱軟，妳忍住眼淚，妳不說一句話地轉身走開。老實說，妳從未回頭。我沒有終止戰爭，我發射了近距離火箭，把妳炸平了。

那個晚上，妳喝得很醉，妳一塌糊塗，公開羞辱了自己。妳母親說，那天妳明明應該在雲上跳舞，卻哭著睡著。這個時刻將永遠地擊碎妳的信心。之後的每一次勝利，都被塗上了拒絕的色彩。沒有任何成就會是真的，或是足夠的。每一個成就都會隱藏著背叛與失望的感覺。我知道，因為是我對著這個目標，發射了那支火箭。是我做的，伊芙。我要妳失敗。我要妳倒下。我不要妳在任何事情上獲得成功。

妳的母親無法理解。為什麼，她會問，你花了那麼多錢，給伊芙接受大學教育，但是又不斷打擊她？毫無道理。但是有一個惡毒的邏輯。因為妳越獨立、越成功，我就越無法控制妳。妳會成為妳自己，有妳自己的想法，和妳對現實的看法。當妳越可靠、越受尊敬，就越可能成為令人信賴的目擊者。

我當時就知道，黑暗中惡夢般的侵犯殘害催毀了妳，我也知道，妳很大膽叛逆，早晚會報復我。這是我妄想的腦子所想像的狀況。我需要解除妳的能力。

伊芙，我在懲罰誰？我在試著摧毀誰？

一直以來，我都讓妳覺得妳是犯了大錯的人。妳總是很焦慮，一直處於無法描述的罪惡感和恐懼之中。我讓妳承載了妳父親的罪惡。妳像一位戰士似的承受著，像承受一個傷痕似，像承受之後成為疾病的突變細胞。像猩紅的字母，銘刻在妳被玷汙的身體上。像一個表示妳可以被拋棄、被遺忘的符號。妳戴著這個猩紅字母，像是在邀請等待中的狩獵者，對妳加諸更多傷害。妳戴著它，像是一個凶兆，預言著妳無法活過三十歲。妳幾乎喝酒喝到死，讓自己總是處於危險，心裡祕密地想著，某個人終會殺掉妳，讓痛苦停止，解除詛咒。我看著，讓這一切發生。

大學之後，沒有了支持妳的結構，妳從高處墜落。妳不再演講，妳失去妳的聲音、妳的目標、妳的方式。我從未出手協助妳，我也禁止妳的母親協助妳。我們曾經去紐約看妳，妳住在很破爛的公寓。我注意到公寓裡唯一的優點是沒有老鼠。妳母親要我幫助妳，我咒罵她。我說妳必須靠自己過活。我堅持孩子若要找到自己在世界上的道路，這是唯一的方法。

在妳遇到最嚴重的經濟危機時，我從未給妳一毛錢。妳早上四點打電話回家，喝醉了，想自殺，我強迫妳母親掛上電話。第二天，我不讓她打電話給妳，看妳是否還活著。有一陣子，妳迷失在城市裡，被夜晚的放蕩、危險和絕望吞噬。我們聽說妳在黑道開的店裡當服務生，總是喝醉，迷失在街上，下午一點之前從未清醒。有人告訴我，妳跟一個殺手在一起。

我希望妳就此消失或死掉嗎？我的行為顯然如此。我聽到妳呼喊求救——**什麼樣的父親會讓他的女兒如此墮落？什麼樣的憤怒會持續這麼久？這個故事一定有更多內情。妳從這一切得到什麼？**

伊芙，可怕的真相是，當我看著妳缺錢、沒人尊敬、沒有未來地苟延殘喘，我感到高興。看著妳追求妳自己設計的、不切實際的偉大未來，卻從那麼高的地方跌下來，我覺得有趣。在我生命正茁壯的時候，我必須當一個高級冰淇淋的推銷員，以便付妳的學費，妳有什麼資格想像自己成為作家或藝術家？

沒有聖經，沒有柏拉圖，沒有任何成就，以顯示我的夢想。

很不幸地，這一點，打開了更令人不安的複雜問題。我變成了以妳的痛苦為樂的人。迷人的白馬王子變成了喜愛施虐的薩德侯爵[9]。

伊芙，當妳沉淪，我對自己的感覺變得比較好。妳不再威脅到我的自我或價值了。妳背叛了我，不服從我。妳驅逐了我，世界和我一起懲罰妳，我感到滿意。

妳沒有了我或我給妳的錢，妳根本什麼都不是。知道這一點，令我感到歡喜。我證明了妳不再能觸碰到我的心，並因此感到至深的愉悅。施虐不就是受到貶黜的溫柔嗎？

9　編註：Marquis de Sade，1740 – 1814，法國貴族作家，以色情描寫的著作及由此引發的社會醜聞而出名，他的姓氏後來被用來代稱施虐（psychological sadism）一詞。

這不就是我遺留給妳的情緒遺產嗎？褻瀆妳的信任、濫用妳想要保持善良的核心直覺？施虐的愉悅、殘酷的衝動不是也傳遞到了妳的本質裡了嗎？我經常問自己，為什麼妳從來沒有孩子。妳害怕妳的內在也有這些衝動與渴望嗎？逗弄孩子逗得太久了一些，當孩子跌倒或失敗時，內在的輕鬆感？或是忽然莫名其妙地打一下，推一下，使孩子意外跌落樓梯？

多年後，妳終於來看我，妳才剛剛戒酒。妳很胖，焦慮，極為脆弱。妳找到了一個「社群」，他們在幫助妳。妳說著荒謬的陳腔濫調，一大堆關於「更高力量」的廢話。我們家沒有宗教信仰，我覺得妳的態度特別令人不安。我痛恨邪教，我瞧不起任何團體，但是我可以感覺到妳的新決心。妳找到浮木了，妳緊緊抓住不放。

我沒有誇讚妳的新決心，而是取笑妳的戒酒、拒絕相信或承認妳曾經酗酒。我蔑視這些可悲的失敗者，這些妳稱之為朋友的人。然後，為了顯示我的高高在上和不苟同，我弄了一杯馬丁尼，遞給妳。妳顯然很震驚，但是安靜地拒絕了。我笑妳，並再度引誘妳。當妳堅守立場時，我說，多麼悲哀啊，妳才這麼年輕，竟然已經活成這樣了。

但是妳變了。妳沒有反應，甚至沒有為自己辯護。妳喝著汽水，一直抽菸，一直抽菸。這讓我更加不安，更加生氣。我忽然無法掌握妳了。妳不肯吞下魚餌。妳和一群人在一起，他們對妳的影響比我更大，他們顯然已經武裝了妳，讓妳可以抵抗我。我氣極了。我問妳，妳現在都在做什麼。我一直問妳，一直問妳。我告訴妳，我花了一大筆錢給了妳大學教育，結果妳一事無成。妳當侍應維生，沒有遠見或計劃。妳是個糟糕的失敗者。但妳沒有說任何話，只說妳需要打個電話，然後就離開房間。妳回來的時候，行李已經收好了。妳說，這個環境對妳的戒酒已經構成威脅。妳說戒酒是妳最重要的目標，然後妳就離開了。這發生得非常快。妳切斷了讓妳窒息的臍帶，走出大門。這個切斷讓我暈眩。我說不出話來，完全瘋了。妳是誰啊？竟敢就這樣走出我的房子，走到我的視線之外，宣稱什麼才重要，自己決定自己的生活方式？妳是誰，可以掌握妳自己的生命？我知道，回頭看，這聽起來很奇怪，但是即使在無止盡的憤怒與時間中，妳還是屬於我的。只要妳保持殘廢、酒醉，我就擁有妳。只要妳一場糊塗，妳就需要我的肯定和批准。

這些可怕的告解，連我自己都感到噁心了。一直不斷地說說說，像一頭滑溜的豬，卡在折磨人的、壞疽般的、自我中心的坑裡，不斷旋轉。上帝啊，讓我離開我自己，打破這個不可能的殼。從陰曹地府無止盡的鏡子裡，放我自由。我曾經幾乎誠實，幾乎承認，以放妳自由嗎？在我看來，道歉似乎包含了最原始的親近。如果告解是在請求對方原諒，告解的人必須脫去一切，裸身以對。

我現在看到了，這個練習不只是重述悔恨。不，道歉意味著重新想像我們的制約的基本結構。我覺得自己做得很失敗。即便現在，我也在想，隔著自己專橫霸道的牆，我是否真的能夠看到妳或感覺妳？我是否曾經停下來，考慮一下，或是直覺地感應一下，這些殘酷的告解如何撕裂妳、讓妳痛苦？妳覺得解放，還是震驚呢？妳覺得憤怒嗎？妳睡不著嗎？覺得發狂嗎？妳覺得終於獲得證明了嗎？

我怎麼知道呢？甚至，在我的大門之外，妳存在嗎？妳是虛構、投射還是延伸呢？妳是目標或是威脅或是永恆的怨恨呢？我的上帝，伊芙，我很羞恥地說，我不認識妳。我知道妳喜歡醃漬蘑菇和鯡魚和醃黃瓜，只是因為我喜歡。我不知道妳讀什麼書，靠著什麼詩句引導妳的人生。妳讀尼采[10]嗎？愛默生

10 編註：Friedrich Wilhelm Nietzsche，1844 – 1900，德國哲學家，著名作品為《查拉圖斯特拉如是說》（*Also Sprach Zarathustra, Ein Buch für Alle und Keinen*）。

11，波特萊爾12？妳喜歡怎樣的朋友？劇場的生活是什麼面貌？妳有上台表演嗎？妳真的是女同志嗎？妳後來胃口好嗎？妳喜歡海，還是更喜歡森林與山？妳為什麼成為素食者？妳做過最勇敢的事情是什麼？妳有趣嗎？妳是因為我才搬到大城市住嗎？我應該從小把妳養成猶太人嗎？妳早起嗎？妳比較喜歡玫瑰而非牡丹嗎？妳養貓嗎？妳是否祈禱，相信上帝？妳喝咖啡或喝茶？妳和妳收養的兒子相處如何？妳賺錢嗎？

伊芙，妳是誰？我錯過了一切。我錯過了妳。

我想妳。

我拒絕認識妳或看到妳。以某個角度來看，這才是最有破壞性、最強烈的懲罰。這不是我們每個人都渴望的嗎？被人認識、被承認、被珍愛，因此有了形體和形狀？否則的話，我們怎麼能夠確定我們存在？或許，這也是為什麼我變得如此極端。因為我對自己是隱形的，因為我已經被消除掉了，我需要找到方法，體驗到自己的存在，感覺我對別人的影響。暴力不過就是有了形體與力氣的能量罷了。

我知道，妳從很小的年紀就深深困擾著關於存在的問題。我很驚訝，也有一點不安，妳這麼小就為此煩惱。當然，現在這顯得很有道理。妳總是想著死亡，問我們，妳死後的身體會變成怎樣？妳會去哪裡？還是妳有一天會整個蒸發了，分解，消失？

一個晚上，妳大約九歲或十歲，妳的母親和我出去吃晚餐。我們回到家，發現保姆坐在廁所外面的地板上。保姆是一位少女，明顯地苦惱著。妳們看

11 編註：Ralph Waldo Emerson，1803 - 1882，美國思想家、文學家，美國總統林肯曾稱他為「美國的孔子」、「美國文明之父」。

12 編註：Charles Pierre Baudelaire，1821 - 1867，法國象徵主義詩人，著名作品為《惡之華》（*Les fleurs du mal*）。

了一部叫做《隱形人》（*The Invisible Man*）的電影，由克勞德．雷恩斯[13]主演。對妳而言，電影內容顯然過於成熟了。妳在廁所裡面，頭埋在馬桶上，嘔吐著，哭著。妳很絕望，試著呼吸，說的話完全沒頭沒腦：「他拿掉頭上的繃帶，爹地，什麼都沒有，裡面什麼都沒有，沒有頭，沒有人，什麼都沒有。他去哪裡了？他曾經在那裡嗎？我們的身體裡真的有什麼嗎？我們不是任何東西嗎？我覺得什麼都不是。我不要什麼都不是。」然後妳又哭又吐，持續兩天，好像妳染上了「存在熱」。

我現在不得不問妳，誰讓妳什麼都不是？但我沒有藉口。我知道得太清楚了，不被看見的可怕後果：在家庭中消失行跡，家人從未表達好奇想知道我到底是什麼人，而是基於他們自己的投射、恐懼和需求決定我的身份。好奇心是某種慷慨，意味著承認另一個人的存在，需要刺穿自以為重要的那一層虛榮可恥的盔甲。除了我之外，有任何人真的存在過嗎？除了我自己之外，我曾經體驗或感覺或覺察到別人嗎？我知道驚嘆是什麼嗎？

小時候，我看著天空、星辰和萬物，感到驚訝。但是我很快地被潑了冷水，他們只願意鼓勵我表現自己。沒有時間空想。我就像別的男孩，生來就要改進自己，獲得成就，進步，勝利。這個神祕驚奇的世界不受到欣賞、不受到重視。世界是用來佔領、獲得和征服的。

在驚嘆之中，隱藏著謙虛，以及對更大和未知的宇宙臣服。對於巨大廣闊神祕的宇宙而言，你只是很小的一個點而已。我不被允許成為任何東西裡的一小點。我必須在萬人之上，我是最好的，站在最上面。

我記得五歲的時候，我手上捧著一隻小麻雀（牠從樹上掉下來）。我可以

---

13 編註：Claude Rains，1889－1967，美國演員，於一九三三年主演由英國小說家H．G．威爾斯（Herbert George Wells, 1866 - 1946）的科幻小說改編而成的電影《隱形人》。

感覺到牠小小心臟在我五歲的手掌中顫動，使我的心跳得一樣快速。是誰創造了這隻鳥？誰想到要有翅膀、鳥喙和鳥爪？牠惹母親不高興了嗎？母親把牠丟到地上嗎？是意外嗎？牠傷心嗎？牠受傷了嗎？牠為什麼不飛？牠可以教我飛嗎？

我很震驚、害怕、驚訝。牠躺在我手上，親近得幾乎令我無法忍受。但是我無法，也不肯放牠走。我擁有一個奇蹟。宇宙的奧祕就在我的手上。時間靜止了。我就是一隻鳥。無形的驚嘆令我感到狂喜。我是所有的一切。

然後，忽然，我被粗魯的驚醒了。我母親害怕地尖叫：「亞瑟，你在做什麼？快把那隻骯髒的鳥丟掉。牠們身上有可怕的傳染病。你真噁心。」她用力搖晃我，從我手中把小鳥打掉。牠倒在地上，翻滾。牠跌得很重。之後，牠都沒有動。他們不准我接近小鳥，不准我幫助牠。

我完全受不了，我大哭起來。我一直哭，一直哭。這是我犯的最大錯誤。

哭泣，以及表現出自己的軟弱。這比迷上一隻小小鳥，不斷感到驚嘆，還要更糟糕。

你會問，沒有驚嘆的生活算什麼呢？多麼無聊沉悶啊。只有人為的確定性和必需遵守的規則，缺乏精彩和興奮。驚訝被鎖在門外。

那麼，男人的熱情和激烈要怎麼辦？從小就被重新引導到強勢、攻擊性和競爭上。

這讓我想到我對妳第一任丈夫的厭惡和殘忍。多年沒有回家探望之後，忽然有一天，妳帶著妳的結婚對象回來了。很壯的一個愛爾蘭天主教徒，幾乎不會拼字。他是妳在某個沒品味的酒吧當侍應生時認識的酒保。一個混蛋。或許是一個盜用公款的人，或是小偷。（好啦，其實我沒有證據這麼說，但是我對待他的方式就是把他當做小偷。）

妳母親說他很帥，很有魅力，但是對我而言，妳的選擇就像任性地把一隻在街上撿到的流浪狗帶回家似的。我跟他之間沒有對話。我有嘗試嗎？我沒有嘗試。他忽然出現，以最惹人生氣的方式入侵。我很清楚，妳要跟他結婚，完全是為了報復我。他跟我完全相反。沒有受教育、粗俗、笨拙、不喝酒。雖然我瞧不起這個蠢蛋，我還是立即開始讓他變成我的同盟。晚餐時，我告訴他，妳看起來像某種人，但是妳其實是另一種人。我認為他最好做好心裡準備，知道自己惹上了什麼麻煩。我對他一點興趣都沒有，但表現得好像我想要保護他。我愉快地告訴他，妳故意幹的壞事的細節，我告訴他妳小時候和青春期做過的事。每一個事件都暗示了妳的人格有問題。我抱怨說妳是最難養的孩子，經常激怒我，害我做出和我本性不合的事情。

我像是歡迎我麾下軍隊同僚似的歡迎他，以打敗妳，即便妳的母親也嚇壞了。妳沒料到這一招，感到受辱，憤怒。我在妳即將結婚的男人心裡，種下了懷疑的種子，呈現妳低劣的性情，指出妳的失敗。我幾乎說了一小時。一開始，妳一直大笑，試圖轉移話題，把對話轉到另一個方向去。但是我才不管。我一直說、一直報復妳，直到我作出最後一擊——告訴他，我不得不放棄妳。聽我說了這麼多之後，如果他也想放棄妳，我會諒解。

但是，婚禮還是舉行了。

我看到妳，二十三歲了，站在自己做的聖壇前，穿著妳在一個時尚店的瑕疵品特價區衣架上找到的簡陋白紗，舉行妳哀求來的、毫無事先計劃的婚禮。妳為了婚禮借了錢。我拒絕依照社會習俗為婚禮付費。現場只有便宜的小點心，沒有酒。站在那裡，周圍都是妳所謂的朋友，以及生活困窘的藝術家。主持婚禮的是我從未聽說過的某個教派裡的做作牧師。他完全沒有提到上帝。我看著妳和這個男人結婚。他最有吸引力的特質就是他不打妳。我聽到妳們交換一些莫名其妙的誓言，其中完全沒有提到忠誠。（我現在知道了，妳根本從未期待或要求忠誠。）我看到妳和一個青少年站在一起，他是妳未婚夫的兒子，妳打算收養他，當他的母親。妳給他的，正是妳最需要的一切。

有個黑人穿著非洲服裝，吹著薩克斯風。哀傷的旋律，更適合喪禮而不是婚禮。我想起當時的音樂了，像是悲哀的哭泣。我正在和妳一起走過臨時搭建的婚禮走道。妳挽著我的手臂。這可能是多年來，妳第一次碰觸我。一開始，我拒絕參與這個瘋狂的儀式，不肯把妳交給這個白痴。到了最後一分鐘，我投降了。老實說，這是重申我所有權與威權的完美機會。當我跟妳一步一步穿過婚禮觀眾時，我必須很可怕地說，我很滿意地看到，這個婚姻已經注定沒有希望了。

妳遇見這個男人的時候，他已經結婚了。我想妳應該是小三。雖然妳們兩個看起來分享了共同的幽默感（妳們總是一起大笑，害我氣到不行），雖然妳能夠在你們共同的戒酒生活中找到安慰和結構，但我知道他不會對妳誠實，也不會對妳忠誠。

更重要的是，我知道這場婚禮完全是假的，因為妳仍然是我的妻子。我更用力地抓著妳的手臂。妳五歲的時候，我們在黑暗中默默地做了約定。即使妳和這個白痴分享妳的身體，他永遠無法真正碰觸到妳。他永遠不會感覺到當妳發現狂喜時的勝利與神聖，因為妳已經有過這種經驗了。他永遠無法進入被寵愛的空間，因為我已經入住。最終，他（以及之後的每一個人）都將感到憤怒和分心，因為他永遠無法擁有妳。

一開始，他會被挑戰吸引到妳身邊。每個男人都熱愛戰鬥。但是過一陣子之後，他會覺得空虛、愚蠢和失敗。當他發現妳永遠不會把自己交給他的時候，即使妳假裝把自己交給他，他也會報復，用盡一切方法傷害妳。把牆打出洞來，和別的女人亂搞，最後跟妳的好朋友要好，離開妳。在這個寒酸的婚禮上，我的腦子裡一直流動著這些有毒的想法。當我用力抓著妳的手臂時，我將這個摧毀的能量像是隱形毒藥似地壓進妳的皮膚。妳的父親既不冷靜也不慈善地陪妳走著，但不是朝著妳所愛的人走去，而是妳的狩獵者，帶妳走入無法避免的屠殺。

薩克斯風現在比較大聲了，它哭泣、尖叫著。一波又一波的聲浪撞擊著潮溼的牆壁。噢，哀傷，哀傷像颶風一樣襲擊、旋轉，打著我，像岩石碎塊夾雜著罪惡感，纏著無止盡的廢墟和殘骸。哀傷打敗了我。浪潮般回擊。尖銳穿透。男人的盔甲開始碎裂。我是何等的混蛋啊？我帶來了何等的破壞？我說謊，對我自己說謊，也對妳說謊。

我詛咒妳未來的愛。五歲時，我奪取了妳的身體。妳並沒有要把身體給我。我汙染了妳的甜美。我打開了保護妳花園的黃金大門。我背叛了妳的信任。我重新組合了妳的性化學，以及妳的慾望的基礎，讓錯誤和興奮永遠結合在一起。我讓妳成為我的污漬。我留下了我的惡臭痕跡。我傳染給妳了。我勢不可檔地侵犯了妳的身體，如此早地殺死了妳的渴望。妳沒有，也無法，允許我這麼做。沒有合意性交這回事。妳沒有用妳的小襯裙誘惑我。妳只不過是一個可愛的小孩子。

我過度刺激了妳五歲的小身體，種下了強度和刺激的種子。妳將把自己推得太遠，吸食海洛因、從橋上跳下來、開車開到時速一百里[14]。

我剝奪了妳的尋常。我摧毀了妳對家庭的概念。我強迫妳背叛妳的母親。妳活在永恆的自我仇恨與罪惡感之中。我在妳和手足之間創造了階級關係、不信任和暴力競爭。你們無人能夠恢復正常。

我剝奪了妳對自己身體的發言權。妳沒有做任何決定，妳沒有說「好」。那是我的投射，以便滿足我自己的需求。妳才五歲，我已經五十二歲了。妳

14 編註：約一百六十公里。

沒有主權。我利用妳、虐待妳，奪取了妳的身體。妳的身體不再是妳的了。我讓妳變得被動。妳衝動地把自己的身體交給任何想要的人，因為我對妳的教導就是如此。我強迫妳離開自己的身體，因為妳解離、痲木，無法保護自己。我破壞了妳的安全和保護自己的能力。強暴讓妳感到興奮，這是我造成的。我剝奪了妳必要的界線，妳永遠不會知道什麼是妳的，何時說「不」，或是如何說「停止」。我拉扯妳的陰道，使得它很容易受到感染而生病。

妳的身體沒有，也無法，說「好」。這是我為了方便行事而告訴自己的謊言。妳不知道那就是性行為。我奪取我想要的，並說服自己，妳也想要。我利用妳對我的崇拜，強迫妳保守祕密，對妳母親說謊，發展出雙面人的生活，把妳一分為二。我讓妳覺得自己像是妓女。我讓妳覺得永遠不值得別人真的愛妳。我讓親密感變得窒息封閉。我把我的毒藥留在妳裡面。

我摧毀妳的記憶，讓妳想要忘記一切。這影響了妳的智力，使妳無法記住事情、無法考試。我偷了妳的純真。我減弱了妳的生命力，讓妳覺得妳的性感是讓壞事情發生的原因。我利用妳的生命與身體來服侍我。

我做了這一切。噢，薩克斯風，把我帶走。把我帶走。

慢慢地、痛苦地，我像一隻經過無數風雨的螃蟹，爬出終於安靜退潮的海。我在溫暖的沙灘上倒下。我躺在那裡，疲憊，破碎。我躺在那裡好幾天，或好幾個月，或好幾年。我再度成形。我可以感覺到自己。我的衣服都消失了。我的性也消失了。我有小小的胸部、短短的腿、小小的腳。我的肚子很柔軟。我的左眼上面有兩顆黑痣。這是妳的臉，伊芙。這是妳的身體。我在裡面。我注意到血。

我的鼻子在流血。我的脖子很酸。被掐過的脖子上有淤青。我的屁股被球拍打過，很痛。我的大腿上有傷。我全身上下都是疤痕和傷痕，像痲瘋疹子一般地冒出來。我就是傷痕，我是造成傷痕的人。我在燃燒。

我在沙上翻滾，把自己丟進大海。鹹鹹的海水讓傷口更痛了。我的陰道像在燃燒。我握住它，前後搖動，尖叫，哭泣呼號。從我嘴裡，冒出妳痛苦的小女孩聲音。「讓它停止。讓它停止。」

海灘非常的大，空無一人，沒有任何鳥，沒有任何聲音。有人知道我在這裡嗎？有任何人在乎嗎？我的腦子裡有一個聲音說：「沒有人會來。沒有人會來。」一個暗門打開了，我跌了進去。我一直跌、一直跌，跌進空無，跌進什麼都沒有的地方，進入無依無靠的地獄邊緣。

我什麼都不是。我沒有家人。我無處可去。我沒有父親。我沒有母親。我就是壞。我是羞恥。我失去了尊嚴。

噢，上帝，伊芙，我現在看到了。我在妳身體裡、我自己造成的、折磨人的地獄邊緣裡，旋轉了三十一年，在這個沒有任何東西或任何人可以填滿它的可怕而寂寞的洞穴，在妳等待的絕望深淵裡。

噢，現在發生什麼了？黑暗中，銀色的光射進來了，是什麼？閃亮的邊緣？星星。星星。幾百萬個星星。我真是感激有星星。

每一個小星星都是閃亮的小臉蛋，往前傾，想被注意到、被珍惜、被看到。充滿期待的眼睛和準備好了的臉頰。每一個都在表演著閃亮的把戲，希望被領養，或被救贖。每一個星星都是迷失的、發亮的孩子。

伊芙，

讓我最後說以下這些話：

我很抱歉。我對不起妳。最後的時刻，讓我坐在這裡。讓我這一次做對。讓我在妳的溫柔中步履蹣跚。讓我面對脆弱的危機。讓我變得脆弱。讓我迷失。讓我靜止。讓我不要佔領，不要壓迫。讓我既不征服也不摧毀。讓我浸淫在歡喜之中。讓我成為一位父親。

讓我當那個會回應妳的好心腸的父親。讓我不要主張我的權利。讓我目擊，而不侵略。

伊芙，

我讓妳自由，不再受到我們的約定限制。我收回我的謊言。我取消我的詛咒。

老頭子，消失吧。

感謝TK

後記

我的父親從未因為性侵我而對我道過歉，
所以我替他寫了一篇給我的道歉文。

我試著勾勒出一幅藍圖，讓我父親以外的男人也能摸索出一條贖罪之道。在這段過程中，我決定寫下這篇父親給我的道歉文，這是我一直以來需要聽見的話語。

我五歲時，我父親開始性侵我。這件事一直持續到我十歲，接著開始了我每天例行遭受毆打的恐懼。這樣充滿無止盡暴力與侵犯的生活，在我的身上引發了化學變化，逼使我身不由已，壓抑了我的思考能力，讓我對愛產生恐懼。

我的父親從未告訴我為什麼他會那樣對我，他從未解釋自己為什麼會變成一個有著可怕虐待癖的男人，最後他沒有表示任何歉意就死了。

最近幾個月，我讀過好幾篇男子被控犯下性侵罪後的自白。他們的說詞經常圍繞在自己遭受指控後所感受到的痛苦與震撼，而不是想到被害人遭遇的痛苦，或是承認自己犯下的罪行並且努力去了解自己的經歷與惡行。

接著我發現到一點，我從未聽說有哪個男人為自己的性侵罪做出誠實徹底的公開自白，我從未聽說過有哪個男人為此公開道歉。我想明白，要是我聽見像這樣的一份道歉，會有什麼感覺；對我和其他被害倖存者，這會造成什麼樣的衝擊；這對於一勞永逸地終結所有的暴力傷害，會帶來什麼樣的幫助。

所以我決定寫下這篇父親的道歉文，這是我一直以來需要聽見的話，讓我可以找出適當的字彙和語言勾勒出一份道歉該有的脈絡，幫助我從折磨中解脫，這也可以作為一幅藍圖，讓其他男人藉此摸索一條贖罪、負責和補償之道。

當我寫下《道歉》這本書時，我感覺就像是聽見了父親的聲音，他告訴我關於他童年的事。比起被疼愛，他更受到崇拜，而這樣的崇拜迫使他得要實現他在別人心目中的理想形象，而不是當他真正的自己——一個不完美的人。他告訴我，父權制度和惡性的男子氣概迫使他深埋起溫柔、軟弱、眼淚、懷疑、不確定和遐想等種種念頭，之後這些念頭移轉到他的另一面人格上，這一面人格就叫做「影子人」（Shadcw Man）。

這個被解離出的自我性侵了一名五歲的小女孩，之後還粗暴地虐打她，並且利用謊言在精神上操弄她[1]。他毫無避諱地坦承他對我犯行的一切細節，也告訴我他為什麼那樣對我。他承認自己感受到他對我所造成的痛苦、心碎和背叛等感受。他深刻地回想自己的過去，好設法了解到底是什麼原因導致自己犯下那些可怕的惡行。他解釋了自己的行為，而不是一味地將自己的罪行正當化。透過這份充滿歉意的詳實告白，他傳達出深沉的悲傷、悔恨、罪惡感和自我嫌惡，他願意負起責任並且痛改前非。

在本書中，我父親也向我坦承，對男人而言，道歉是一種背叛。這世上存在著一種無言的不成文暗號，如果不釐清父權制度的整套來龍去脈，就無法破解。

但他也告訴我，他對我所犯的一切惡行，毒害了他自己的靈魂，並且在他死後繼續折磨著他。他絕望迫切地要坦白一切、認罪道歉，他才好解脫。

直到我撰寫本書之前，近六十年來我和父親都深陷於持續不斷的痛苦、憤怒、罪惡感和羞愧之中，我們被放逐於一段過去的悲慘時光當中。我，被界定

1 譯註：文中使用 gaslighting 一詞，一般譯為煤氣燈操縱或心理操縱，指透過提供錯誤資訊或解讀，使受害人懷疑自己的記憶力以及對事件的判斷力，來達到操弄的手段。

為一名受害者；他，被界定為一名罪犯。

由於在本書中，我的父親承認自己的罪行並且對我道歉，我所受的苦難得以洗刷汙點，而其存在也被正視。我感到正義有所伸張，並且得到尊重。我聽見了我需要聽的話語，這些話語釋放出了忿恨、痛苦和傷害。我得以深刻地了解他的心路歷程、創傷與動機，而且也因此，不斷糾纏困擾著我的「為什麼」的這個疑問總算得以解決。我可以放手讓他離開，邁向嶄新人生。

當然，是我為父親寫下了這篇道歉文。但是我得要說，這是一種深度的治療與解脫方法。因為在我這一生，父親一直活在我的心中。我得以轉變對他的想法，將他從一隻巨大的怪獸變為一名辯護者，從一種恐怖的存在變為一名心碎受傷的小男孩。藉由這麼做，我獲得了力量，而他再也無法掌控我。

在這段過程中我還發現，道歉對於我們人類進化的下個階段扮演了多麼關鍵的角色。我們必須為男人開闢一條道路，讓他們完成贖罪這項艱鉅使命，而且男人必須冒著被冠上「男性叛徒」的風險，勇敢地挺身而出，讓他們手下的被害人和他們自己得以解脫。現在，該是救贖的一刻。

（王聰霖譯）

延伸閱讀

伊芙・恩斯勒作品

- 《陰道獨白——V-Day 十周年紀念版》（2014），心靈工坊。
- 《我，在世界的身體之中》（2013），心靈工坊。

延伸推薦

- 《直到死亡貼近我》（2019），娜妲莉・高柏（Natalie Goldberg），心靈工坊。
- 《創傷的內在世界：生命中難以承受的重，心靈如何回應》（2018），唐納・卡爾謝（Donald Kalsched），心靈工坊。

- 《與狼同奔的女人》【25週年紀念增訂版】（2017），克萊麗莎．平蔻拉．埃思戴絲（Clarissa Pinkola Estés），心靈工坊。
- 《心靈寫作：創造你的異想世界（30年紀念版）》（2016），娜妲莉．高柏，心靈工坊。
- 《身體不說謊：再揭幸福童年的祕密》（2015），愛麗絲．米勒（Alice Miller），心靈工坊。
- 《幸福童年的祕密》（2014），愛麗絲．米勒，心靈工坊。
- 《夏娃的覺醒：擁抱童年，找回真實自我》（2014），愛麗絲．米勒，心靈工坊。
- 《療癒寫作：啟動靈性的書寫祕密》（2014），娜妲莉．高柏，心靈工坊。
- 《小大人症候群》（2013），約翰．弗瑞爾（John C. Friel）、琳達．弗瑞爾（Linda D. Friel），心靈工坊。

- 《失落的童年：性侵害加害者相關的精神分析觀點》（2012），約翰・伍茲（John Woods），心靈工坊。
- 《哭泣的小王子：給童年遭遇性侵男性的療癒指南》（2010），麥可・陸（Mike Lew），心靈工坊。
- 《狂野寫作：進入書寫的心靈荒原》（2007），娜妲莉・高柏，心靈工坊。
- 《史瑞伯：妄想症案例的精神分析》（2006），佛洛伊德（Sigmund Freud），心靈工坊。

心靈工坊
PsyGarden

Caring 096

道歉

The Apology

作者：伊芙・恩斯勒（Eve Ensler）　譯者：丁凡

出版者—心靈工坊文化事業股份有限公司
發行人—王浩威　總編輯—王桂花
責任編輯—林妘嘉　封面設計—piecefive　內頁排版—李宜芝
通訊地址—10684台北市大安區信義路四段53巷8號2樓
郵政劃撥—19546215　戶名—心靈工坊文化事業股份有限公司
電話—02）2702-9186　傳真—02）2702-9286
Email—service@psygarden.com.tw　網址—www.psygarden.com.tw

製版・印刷—彩峰造藝股份有限公司
總經銷—大和書報圖書股份有限公司
電話—02）8990-2588　傳真—02）2290-1658
通訊地址—248新北市新莊區五工五路二號
初版一刷—2019年11月　ISBN—978-986-357-162-9　定價—280元

國家圖書館出版品預行編目資料

道歉 / 伊芙.恩斯勒（Eve Ensler）作；丁凡譯. -- 初版. -- 臺北市：心靈工坊文化,
2019.11　面；　公分. --（Caring；96）

譯自：The apology

ISBN 978-986-357-162-9（平裝）

1.恩斯勒(Ensler, Eve）　2.傳記　3.性侵害　4.問題家庭

785.28　　108016589

心靈工坊 PsyGarden 書香家族 讀 友 卡

感謝您購買心靈工坊的叢書，爲了加強對您的服務，請您詳填本卡，
直接投入郵筒（免貼郵票）或傳眞，我們會珍視您的意見，
並提供您最新的活動訊息，共同以書會友，追求身心靈的創意與成長。

書系編號－CA096　　書名－道歉

姓名　　是否已加入書香家族？□是 □現在加入

電話（公司）　（住家）　手機

E-mail　生日　年　月　日

地址 □□□

服務機構 / 就讀學校　職稱

您的性別—□1.女 □2.男 □3.其他

婚姻狀況—□1.未婚 □2.已婚 □3.離婚 □4.不婚 □5.同志 □6.喪偶 □7.分居

請問您如何得知這本書？

□1.書店 □2.報章雜誌 □3.廣播電視 □4.親友推介 □5.心靈工坊書訊
□6.廣告DM □7.心靈工坊網站 □8.其他網路媒體 □9.其他

您購買本書的方式？

□1.書店 □2.劃撥郵購 □3.團體訂購 □4.網路訂購 □5.其他

您對本書的意見？

封面設計	□ 1.須再改進	□ 2.尚可	□ 3.滿意	□ 4.非常滿意
版面編排	□ 1.須再改進	□ 2.尚可	□ 3.滿意	□ 4.非常滿意
內容	□ 1.須再改進	□ 2.尚可	□ 3.滿意	□ 4.非常滿意
文筆／翻譯	□ 1.須再改進	□ 2.尚可	□ 3.滿意	□ 4.非常滿意
價格	□ 1.須再改進	□ 2.尚可	□ 3.滿意	□ 4.非常滿意

您對我們有何建議？

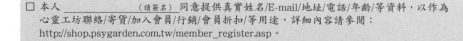

□ 本人＿＿＿＿＿（請簽名）同意提供真實姓名/E-mail/地址/電話/年齡/等資料，以作為心靈工坊聯絡/寄貨/加入會員/行銷/會員折扣/等用途，詳細內容請參閱：http://shop.psygarden.com.tw/member_register.asp。

廣　告　回　信
台北郵局登記證
台北廣字第1143號
免　貼　郵　票

心靈工坊 PsyGarden

台北市106 信義路四段53巷8號2樓

讀者服務組　收

免　貼　郵　票

（對折線）

加入心靈工坊書香家族會員
共享知識的盛宴，成長的喜悅

請寄回這張回函卡（免貼郵票），
您就成爲心靈工坊的書香家族會員，您將可以——

⊙隨時收到新書出版和活動訊息

⊙獲得各項回饋和優惠方案